ESCOLHA SEU FUTURO

Idalberto Chiavenato

ESCOLHA SEU FUTURO

como definir e construir
o seu caminho profissional

2ª edição

Manole

Capa: Rubens Lima
Projeto gráfico: Departamento Editorial da Editora Manole
Editoração eletrônica: Luargraf M.E.

Este livro contempla as regras do Acordo Ortográfico da Língua Portuguesa de 1990, que entrou em vigor no Brasil.

Dados Internacionais de Catalogação na Publicação (CIP)
(Câmara Brasileira do Livro, SP, Brasil)

Escolha seu futuro: como definir e construir o seu caminho profissional / Idalberto Chiavenato. – Barueri, SP: Manole, 2012.

Bibliografia
ISBN 978-85-204-3072-9

1. Carreira profissional – Desenvolvimento
2. Desenvolvimento profissional – Guias 3. Escolha de profissão 4. Orientação profissional I. Título

11-10415 CDD–650.14

Índices para catálogo sistemático:
1. Carreira profissional: Desenvolvimento:
Administração: Guias 650.14
2. Desenvolvimento profissional:
Administração: Guias 650.14

2ª edição – 2012

Editora Manole Ltda.
Av. Ceci, 672 – Tamboré
06460-120 – Barueri – SP – Brasil
Tel.: (11) 4196-6000 – Fax: (11) 4196-6021
www.manole.com.br
info@manole.com.br

Impresso no Brasil
Printed in Brazil

À Rita

As coisas que faço, os planos que
tenho em mente, o mundo que
imagino, o futuro que almejo –
tudo isso envolve você.

Pensando bem, tudo o que faço,
planejo, imagino, almejo está
centrado em você.

Você é o centro do meu mundo e
de todas as realidades que eu vivo.

Sobre o autor

Idalberto Chiavenato é presidente do Instituto Chiavenato e conselheiro do Conselho Regional de Administração de São Paulo (CRA/SP), é reconhecido e prestigiado pela excelência de seus trabalhos em Administração e em Recursos Humanos, não só pela sua produção e contribuição literária, mas principalmente pela influência na definição e aplicação de modernos e inovadores conceitos administrativos às organizações bem-sucedidas.

É um dos autores nacionais mais conhecidos e respeitados na área de Administração de Empresas e Recursos Humanos.

Doutor e Mestre em Administração pela City University of Los Angeles, Califórnia, EUA, especialista em Administração de Empresas pela Escola de Administração de Empresas de São Paulo da Fundação Getulio Vargas (FGV-EAESP), graduado em Filosofia/Pedagogia, com especialização em Psicologia Educacional pela Universidade de São Paulo (USP) e em Direito pela Universidade Mackenzie.

Foi professor da FGV-EAESP e é professor honorário de várias universidades no exterior. Ocupa a cátedra imortal n. 41 da Academia Brasileira de Ciências da Administração.

Sua extensa bibliografia abrange mais de 30 livros de grande destaque no mercado, além de uma infinidade de artigos em revistas especializadas. Publicou 17 livros sobre Administração e Recursos Humanos traduzidos para a língua espanhola.

Recebeu vários prêmios e distinções (como dois títulos de Doutor *Honoris Causa* por universidades estrangeiras) pela sua contribuição à Administração Geral e de Recursos Humanos.

Sumário

O conhecimento do caminho

1. Qual é o melhor caminho a seguir?
2. O planejamento da carreira
3. Os estágios da carreira

O autoconhecimento

4. Qual é a sua inteligência predominante?
5. Quais são as suas preferências vocacionais?
6. Quais são os seus traços de personalidade?
7. Afinal, qual é o seu perfil pessoal?

O caminho das pedras

8. E agora, qual será a sua carreira?
9. Como escolher a sua universidade?

A visão do futuro

10. E as perspectivas de futuro?

Plano do livro

A figura da página anterior vai ajudá-lo a compreender rapidamente a sequência deste livro e as relações de causa e efeito entre os diversos capítulos. Começaremos pelo conhecimento do caminho, ou seja, como se elabora o planejamento de carreira e os estágios de carreira. Depois, seguiremos pelo autoconhecimento, para avaliar qual é o seu tipo de inteligência predominante, quais são suas preferências vocacionais, seus traços de personalidade e, então, definir o seu perfil profissional. Com isso, você terá uma ideia de sua zona de sucesso no mapa das profissões e, portanto, maior facilidade em localizar e identificar a profissão mais adequada ao seu perfil profissional. Finalmente, entraremos no caminho das pedras, ou seja, tentaremos descobrir qual é a profissão mais adequada ao seu perfil pessoal e em qual universidade você poderá se preparar para ela. De lambuja, uma rápida ideia das perspectivas de futuro de algumas profissões.

Prefácio

Este guia de orientação é dedicado a todas as pessoas – principalmente aos jovens – que pretendem cursar uma universidade e complementar seus estudos em uma única e bem escolhida tentativa, até repensar sua carreira e futuro profissional. E alcançar o pleno sucesso profissional. Para que isso aconteça, é necessário conhecer e saber escolher o caminho certo – aquele que se percorre, de preferência, de uma única e exclusiva vez – para evitar o terrível incômodo de ter de fazer várias caminhadas inúteis e desnecessárias, para, então, buscar reencontrar novamente o começo do caminho. Caminhar e voltar atrás para começar uma nova e diferente caminhada, em um círculo vicioso de tentativas, constitui um terrível erro, e uma nova e desnecessária tentativa que precisamos evitar.

O futuro de cada pessoa não deve ser deixado ao acaso e ao sabor das circunstâncias, nem nas mãos ou critérios de outras pessoas. Cada um de nós precisa construir seu próprio futuro. Essa é uma responsabilidade indelegável. Contudo, o mais importante é que o futuro precisa ser pensado, cogitado e planejado antes que ele venha a acontecer ou então será muito tarde. O que você pretende ser nos próximos 5, 10 ou 20 anos? Pense nisso. Dizer que não sabe ou que nunca pensou nisso não é desculpa. Você estará lá quando o tempo chegar e, provavelmente, vai se enfrentar com sua própria consciência, que certamente vai importuná-lo por não ter planejado adequadamente seu futuro.

Você já trabalha? Já se formou? Está concluindo o ensino médio? Ou está fazendo um cursinho preparatório para ingressar em uma universidade? Ou já está cursando universidade? Certamente, você experimenta uma estranha sensação de indecisão e inquietude. Afinal, para onde ir? Qual o caminho a seguir para o futuro? Que profissão escolher para construir sua carreira? Como serão as profissões dentro dos próximos 4 ou 5 anos? E mais alguns anos adiante? O mundo está mudando com uma rapidez incrível, e tudo se torna efêmero e provisório. A incerteza é muito grande e as informações não são suficientemente claras ou seguras para você poder traçar seu destino com alguma margem de segurança. O tempo está passando e parece que você está sendo levado pela correnteza e precisa seguir adiante, sem saber exatamente para onde. A enxurrada é forte, a pressão aumenta, o tempo passa rapidamente, e você precisa tomar decisões imediatas sobre o seu futuro. E tais decisões requerem necessariamente informação básica e suficiente sobre você mesmo, sobre o mundo das profissões e sobre o mundo das universidades. Quais são os seus pontos fortes e os seus pontos fracos pessoais? Em que profissão você poderá se sair melhor no futuro? Qual a carreira a escolher? Qual será a escola mais indicada para o seu perfil? São dúvidas que normalmente assolam a mente do jovem que pretende ingressar em uma universidade, se é que já não abandonou alguma pelo meio do caminho.

O leque de alternativas é muito amplo. No passado, as opções eram mais simples e quase sempre eram limitadas a fazer medicina, engenharia ou direito. Hoje, você pode se dedicar a uma extensa lista de opções: economia, administração, ciências contábeis, comércio exterior, matemática, estatística, química, física, agronomia, geografia, história, literatura, sociologia, psicologia, pedagogia, antropologia, arqueologia, biologia, educação física, esportes, música, computação, análise de sistemas, arquitetura, urbanismo, línguas, comunicações, reportagem, artes gráficas, astronomia, agronomia, bioquímica; e as escolhas não param por aqui. Na medicina, as especializações passaram por incríveis desdobramentos, como pediatria, psiquiatria, neurologia, ortopedia, clínica geral, cirurgia geral, cirurgia plástica, cirurgia cardíaca, cirurgia pediátrica, otorrinolaringologia, pneumologia, geriatria, urologia, anestesiologia, reumatologia, angiologia, ginecologia, obstetrícia, hematologia, homeopatia, endocrinologia, dermatologia, alergologia, cardiologia, anatomia patológica, endoscopia, proctologia, infectologia, neuropediatria, oncologia etc.

No campo do direito, os desdobramentos também são inúmeros: direito trabalhista, cível, comercial, penal, familiar, criminal, tributário, internacional etc. Na administração, as opções se ampliaram: finanças, recursos humanos, marketing, comércio exterior (exportação e importação), produção, computação, análise de sistemas, materiais, logística etc. Na área da engenharia, a mesma proliferação de opções. Uma loucura! Qualquer pessoa pode se perder nesse intrincado labirinto de profissões, ocupações e carreiras profissionais. Nessa complicada encruzilhada, o importante é você não fazer escolhas superficiais e acabar cometendo erros que poderiam ser evitados com alguma dose de planejamento pessoal.

Este é basicamente um livro de orientação profissional, escrito por um pedagogo que enveredou pela área da administração moderna. Na verdade, trata-se de um livro de autoajuda para você planejar adequadamente a sua carreira profissional e ter melhores condições de sucesso pessoal no seu futuro: o futuro que você deve construir desde agora, a partir de um planejamento consciente e objetivo. Não se pretende substituir a maratona de testes, entrevistas e técnicas de simulação que caracterizam o tradicional processo de orientação profissional, conduzido por especialistas de maneira pessoal e individualizada. Não se pretende substituir o trabalho do psicólogo ou do orientador vocacional, mas apenas servir de suporte para sua escolha profissional. Aliás, este lembrete aparecerá em quase todos os testes a que você se submeter neste guia. Como nem todos podem buscar um especialista em orientação profissional – seja por uma questão de vontade, oportunidade, tempo, custo ou qualquer outra razão –, oferecemos com este livro um meio simples e elementar para que você tenha um encontro consigo mesmo, a fim de reduzir possíveis dissonâncias em suas pretensões profissionais.

Neste livro, você vai encontrar algumas metodologias para conhecer melhor as suas potencialidades e as suas restrições pessoais, bem como encontrar os meios para saber como aproveitar suas aptidões e como canalizar os seus pontos fortes. Com as metodologias apresentadas, você terá os meios necessários para poder escolher sua profissão futura e a escola mais adequada para você estudar. Tomamos o cuidado de buscar os melhores talentos em psicologia para a confecção dos testes, inventários e questionários que acompanham este livro. Todo esse material que você vai utilizar deverá ser, posteriormente, submetido a estudos estatísticos, amostragem, análises comparativas e quantificações, para definir seus parâmetros, validade, precisão etc.

Fazemos votos de que este livro-guia seja bastante útil e possa reduzir as suas incertezas a respeito do seu futuro para ajudá-lo a planejar adequadamente a sua carreira. E que você tenha bastante sucesso, tanto na escolha da universidade, como na sua carreira profissional. Contamos com isso no futuro.

PARTE I

O conhecimento do caminho

O conhecimento do caminho

1. Qual é o melhor caminho a seguir?
2. O planejamento da carreira
3. Os estágios da carreira

O autoconhecimento

4. Qual é a sua inteligência predominante?
5. Quais são as suas preferências vocacionais?
6. Quais são os seus traços de personalidade?
7. Afinal, qual é o seu perfil pessoal?

O caminho das pedras

8. E agora, qual será a sua carreira?
9. Como escolher a sua universidade?

A visão do futuro

10. E as perspectivas de futuro?

Quando você vai fazer uma longa viagem – e, neste livro, estamos falando de uma longuíssima viagem pelo tempo –, costuma pegar um mapa para interpretá-lo, analisar os vários caminhos disponíveis e tomar decisões sobre a melhor opção para chegar ao seu destino. A isso se dá o nome de planejamento. Sem perceber, fazemos planos em todos os momentos de nossas vidas, seja quando vamos ao cinema, quando combinamos um encontro com amigos, quando precisamos estudar para fazer determinadas provas, quando recebemos nossa mesada semanal ou mensal e decidimos o que fazer com ela. Fazer planos faz parte integrante de nossas vidas e de nosso cotidiano. A ação deve vir sempre depois da decisão. O plano representa o modo como queremos executar as decisões que tomamos.

Contudo, existe um planejamento mais importante do que todos esses pequenos passos que realizamos diária ou periodicamente. É o planejamento de nossas vidas futuras. O que iremos fazer dentro de alguns anos, como será nossa vida profissional no futuro, qual carreira profissional iremos escolher e realizar durante todo o percurso dos melhores anos de nossas vidas. Esta é uma decisão definitiva e fundamental que vai conduzir todas as nossas ações futuras. Mas, antes de tomar uma decisão desse vulto, torna-se necessário baseá-la em um adequado conhecimento da situação, das perspectivas futuras que se desdobrarão com o tempo e, principalmente, das características que o tomador de decisão possui e dos desejos que espera alcançar. Você é quem vai tomar a decisão, portanto, precisa ter um conhecimento razoável das condições que envolvem sua decisão, a fim de cercá-la de todos os cuidados possíveis. É uma decisão que não pode ser tomada erroneamente.

Saber qual é o caminho a percorrer já é o suficiente para proporcionar um certo grau de confiança para chegar ao objetivo que se pretende alcançar. Sem dúvida, quando conhecemos o mapa da estrada, tudo fica mais claro e fácil. Parece até que as coisas se encaixam de maneira natural e progressiva. Aristóteles já dizia, há mais de 2.300 anos, que saber previamente o que se há de perguntar já é metade da solução do problema. Definir o rumo que iremos tomar é fundamental para que possamos ser bem-sucedidos no futuro.

Como se manter informado e antenado

Esta primeira parte do livro – o conhecimento do caminho –, é formada por três capítulos introdutórios:

1. Qual é o melhor caminho a seguir?
2. O planejamento da carreira
3. Os estágios da carreira

Na segunda parte, quatro capítulos serão utilizados para o seu autoconhecimento.

Na terceira parte – destinada ao que chamamos de caminho das pedras –, há dois capítulos que focam a escolha da futura profissão e da universidade em que se preparará para ela.

A quarta parte é dedicada às perspectivas de futuro profissional.

Esta parte é dedicada ao conhecimento do mapa da estrada: quais são as alternativas de rotas disponíveis, como planejar a carreira profissional e quais são os estágios de carreiras que naturalmente as pessoas percorrem em suas vidas profissionais. Tudo isso serve para se ter uma visão clara – e até mesmo uma visão antecipatória – do que acontecerá futuramente em suas vidas profissionais.

1 Qual é o melhor caminho a seguir?

– Senhor gato, qual o caminho que devo tomar?
– Para onde você quer ir?
– Não sei!
– Então, qualquer caminho lhe serve.

LEWIS CARROLL, *Alice no País das Maravilhas*

O que você pretende ser no futuro? É a pergunta mais ouvida pelas crianças ao longo da infância. Pais, avós, parentes e, de lambuja, amiguinhos e pais de amiguinhos sempre arriscam a indagação e esperam uma resposta plausível. É uma espécie de ladainha que temos de ouvir em várias ocasiões de nossas vidas. Na adolescência, a mesma pergunta vai mudando de figura. O que você pretende ser ou fazer no futuro? Em qual profissão você pretende se engajar? É como se quisessem definir nossa personalidade por meio de nossas escolhas pessoais. Você certamente já pensou nisso inúmeras vezes e ficou meio perdido frente a tantas alternativas profissionais existentes no mercado. No passado, as escolhas eram mais simples e menos numerosas, o que facilitava uma opção razoável. Cursar Engenharia, Medicina ou Direito eram as principais oportunidades. Exatas ou humanas? Hoje, frente a tão amplas variedades de caminhos profissionais, o tema está ficando cada vez mais complicado. Naturalmente, você deve ter pedido ajuda a algumas pessoas e amigos que o rodeiam, para receber palpites a respeito do que fazer, em qual curso ingressar, qual profissão escolher. Seus pais devem ter dado algumas opiniões e feito certas expectativas quanto ao seu futuro. Aliás, pressões familiares não faltam. Expectativas diferentes das suas também. E, em tempo hábil, você tem de resolver qual será o rumo a seguir em sua vida. É pegar o ônibus andando antes que ele se afaste e você tenha de esperar pacientemente por outro que, certamente, vai demorar.

Trata-se de uma situação difícil e crítica. Por que razão? É porque lhe faltam as informações suficientes para tomar decisões adequadas a respeito de sua futura carreira. Qualquer passo errado pode significar um desastre em curto ou médio prazo, e prejudicar seriamente sua vida profissional ao longo da sua vida. Para corrigir escolhas erradas, perde-se tempo, dinheiro, esforços e as oportunidades são jogadas fora e totalmente desaproveitadas. A encruzilhada é muito complexa, pois há várias direções, que levam a caminhos diferentes, como mostra a roda das carreiras (Figura 1.1). O importante é saber escolher o caminho mais adequado e seguir adiante com plena confiança e convicção.

As opções profissionais são muitas. Não é mais como antigamente, quando se podia escolher entre três alternativas básicas: Medicina, Engenharia e Direito – as profissões então mais procuradas. Hoje, a roda das carreiras abre um extenso leque de alternativas. Cada profissão tem seus aspectos positivos e negativos, seus encantos e desafios pela frente. O importante é pesar e ponderar cuidadosamente as vantagens e limitações de cada profissão e, então, buscar oportunidade mais promissora.

A carreira constitui toda a sequência evolutiva das atividades e experiências profissionais de uma pessoa no decorrer do tempo[1]. Ela constitui todo o conjunto de atividades e experiên-

---

1 ARTHUR, M. B.; HALL, D. T.; LAWRENCE, B. S. (Orgs.). Generating new directions in career theory: the case for a transdisciplinary approach. In: *Handbook of career theory*. New York: Cambridge University Press, 1989. Cap. 1.

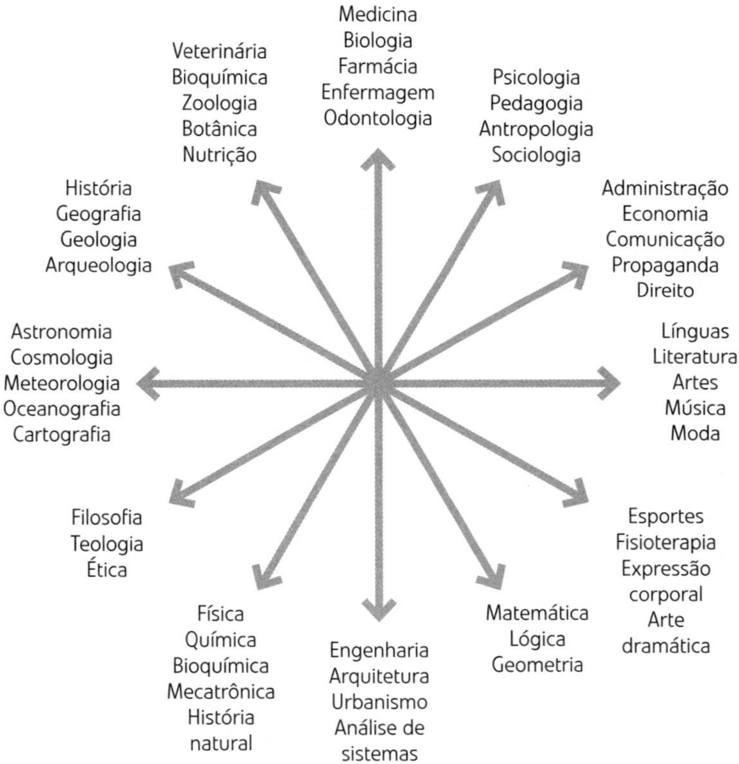

Figura 1.1 A roda das carreiras: para onde ir?

cias relacionadas com o trabalho – como posições, deveres e responsabilidades, decisões e interpretações subjetivas sobre os eventos relacionados com o trabalho – e atividades sobre a amplitude da vida de trabalho de uma pessoa. Assim, a carreira pode significar tanto uma sequência de sucessos quanto de fracassos de uma pessoa em suas atividades profissionais. Obviamente, a carreira influencia tanto as atitudes quanto os comportamentos das pessoas na medida em que ocorre o seu crescimento profissional e elas adquirem novos conhecimentos, posições, *status* social e prestígio.

A sequência de empregos, empresas e papéis funcionais que uma pessoa desempenha é consequência de escolhas conscientes, baseadas em seus interesses, bem como de limitações e oportunidades encontradas no decorrer da vida profissional. Uma carreira pode tanto incluir sequências de experiências profissionais ascendentes e laterais, como também descendentes[2]. Nem sempre uma carreira leva a degraus superiores na escalada hierárquica nas empresas. O importante é saber subir e crescer na carreira profissional. Isso depende de cada pessoa e das oportunidades e restrições que enfrenta ao longo de sua vida profissional.

Não seja apenas mais um candidato no mercado

É impressionante o número de jovens que ignoram totalmente o que farão em seu futuro profissional. Têm um total desconhecimento de qual carreira escolher e protelam indefinidamente a escolha profissional a ser feita. Ingressam na faculdade por mera improvisação e desistem logo no começo ou no meio de seus cursos universitários. E muitos terminam a faculdade para se dedicarem a outras profissões completamente diferentes da sua formação universitária original. A escola é cara. O cursinho também. O tempo não volta atrás. Os livros são muitos e as despesas são altas. O volume de matéria para estudar é grande e as exigências são fortes. É enorme o investimento em termos de dinheiro, tempo e esforços durante dois, quatro ou mais anos. Se não houver interesse e motivação no estudo, além de perspectivas de futuro, não há quem possa aguentar. E isso depende exclusivamente da escolha certa. Portanto, é preciso acertar na primeira vez para não perder tempo, dinheiro e expectativas. O seu tempo é precioso e não volta mais. Não há retorno. Procure fa-

[2] MILKOVICH, G. T.; BOUDREAU, J. W. *Administração de recursos humanos*. São Paulo: Atlas, 2000. p. 294.

zer certo na primeira vez. Para isso, planeje! Pense bem antes de fazer as coisas, a fim de que elas sejam bem feitas na primeira tentativa e produzam resultados satisfatórios, que lhe permitam ascender na vida profissional.

DICAS **Qual é o melhor caminho a seguir?**

As alternativas pela frente são muitas. A cada momento surgem novas profissões inovadoras, outras mudam e transformam-se, e desaparecem profissões que se tornaram arcaicas, obsoletas e ultrapassadas. O mapa da mina tem muitos caminhos. Você deve planejar sua escolha. Veja a seguir uma lista de alternativas de A a Z.

- Administração bancária
- Administração da produção
- Administração de empresas
- Administração de recursos humanos
- Administração escolar
- Administração financeira
- Administração hospitalar
- Administração hoteleira
- Administração mercadológica
- Administração pública
- Administração rural
- Agrimensura
- Agronegócio
- Agronomia
- Análise de sistemas
- Antropologia
- Astronomia
- Arqueologia
- Arquitetura
- Arquivologia
- Artes
- Artes plásticas
- Biblioteconomia
- Biologia
- Bioquímica
- Botânica
- Cartografia
- Ciências atuariais
- Ciências da computação
- Ciências contábeis
- Ciências econômicas
- Ciências políticas
- Ciências sociais
- Cinema
- Comércio exterior
- Computação
- Comunicações
- Contabilidade
- Dança
- Decoração
- Desenho
- Desenho industrial
- Diplomacia
- Direito
- Direito civil
- Direito comercial
- Direito constitucional
- Direito imobiliário
- Direito internacional

- Direito penal
- Direito trabalhista
- Direito tributário
- Ecologia
- Economia
- Editoração
- Educação
- Educação artística
- Educação física
- Enfermagem
- Engenharia aeronáutica
- Engenharia cartográfica
- Engenharia civil
- Engenharia da computação
- Engenharia de alimentos
- Engenharia de materiais
- Engenharia de minas
- Engenharia de produção
- Engenharia elétrica
- Engenharia eletrônica
- Engenharia genética
- Engenharia mecânica
- Engenharia mecatrônica
- Engenharia naval
- Engenharia química
- Engenharia sanitária
- Engenharia têxtil
- Esporte
- Estatística
- Farmácia
- Filosofia
- Física
- Fisioterapia
- Fonoaudiologia
- Fotografia
- Gastronomia
- Geografia
- Geologia
- História
- História natural
- Informática
- Jornalismo
- Letras
- Linguística
- Matemática
- Medicina
- Meteorologia
- Moda e estilo
- Música
- Nutrição
- Oceanografia
- Odontologia
- Pecuária
- Pedagogia
- Política
- Processamento de dados
- Propaganda e marketing
- Psicologia
- Publicidade
- Química
- Rádio e TV
- Relações internacionais
- Relações públicas
- Serviço social
- Sociologia
- Teatro
- Tecnologia de materiais
- Tecnologia de prótese dentária
- Tecnologia de saúde
- Tecnologia em artes gráficas
- Tecnologia em construção civil
- Tecnologia em fruticultura
- Tecnologia em horticultura
- Tecnologia em informática
- Tecnologia em mecânica
- Tecnologia têxtil
- Telecomunicações
- Tradutor e intérprete
- Turismo
- Urbanismo
- Veterinária
- Zootecnia

Como exercício preliminar, sublinhe a alternativa que você está propenso a escolher, antes de consultar este livro. Se a sua opção não estiver nesse rol, você pode incluí-la. Ao longo dos capítulos seguintes, você terá a oportunidade de checar se realmente a sua escolha está adequada ao seu perfil pessoal.

Antenas ligadas

De vez em quando, volte para esta página do livro para rememorar alguns conselhos a seguir que, provavelmente, lhe serão úteis durante toda a sua jornada profissional. Esteja sempre plugado. Não se esqueça de quatro aspectos importantes para sua carreira:

1. Um mundo em constante e rápida transformação

Em todo o decorrer deste livro, lembre-se de que, qualquer que seja sua escolha profissional, há um aspecto de primeira importância. No mundo de hoje, as novas tecnologias em microeletrônica, telecomunicações, computadores, materiais artificiais, robótica, biotecnologia, nanotecnologia etc. interagem para criar um novo mundo e transformar todos os aspectos da vida das pessoas. Mas toda essa convergência faz com que não só novos produtos estejam surgindo, mas, principalmente, novas maneiras de fazer as coisas. Tudo isso faz com que as profissões também passem por rápidas e profundas mudanças e transformações. Aquilo que, hoje, é moda poderá tornar-se um verdadeiro mico amanhã. Como também aquilo que, hoje, aparentemente não faz sentido, no futuro, poderá ser uma escolha decisiva e importante. Tudo é uma questão de desdobramentos. O mundo das carreiras e profissões é um verdadeiro caleidoscópio, que muda totalmente sua configuração a cada movimento. Tudo está em constante mudança e isso precisa ser levado em conta na sua decisão. Isso significa que amanhã tudo poderá ser diferente. Procure fazer cenários do futuro. O que é isso? Com os fatos atuais, busque imaginar o que poderá ser importante daqui a alguns anos. Faça um exercício de cenários futuros para imaginar como a profissão que você está escolhendo hoje será daqui a 4 ou 5 anos, no momento em que você terminar sua universidade. Provavelmente, é lá que está a sua oportunidade. Prepare-se para o futuro e procure criá-lo ao invés de simplesmente imaginá-lo. Escolhas de hoje terão forte impacto no amanhã. Quando as escolhas de hoje são acertadas, o amanhã poderá ser bem melhor.

2. O contínuo jogo entre foco e flexibilidade

Qualquer que seja a sua escolha, busque sempre um equilíbrio entre duas coisas: de um lado, foco concentrado; e de outro, flexibilidade. Vamos explicar melhor. Com foco queremos expressar convergência de esforços e visão concentrada na profissão escolhida. Procure reunir o máximo sobre aquilo que você escolheu como futura profissão. Faça uma profunda imersão nela. Mergulhe até o fundo. Procure ser o melhor possível. Não seja apenas mais um a disputar posições no mercado, mas o profissional que todos procurariam. Isso é foco, é concentração.

Acontece que o mundo está mudando inexoravelmente e, consequentemente, as profissões também. Além do foco, você precisa cultivar flexibilidade, ou seja, jogo de cintura, maleabilidade. Se a especialização é importante de um lado, ela é limitativa e restritiva de outro. Isso significa que as oportunidades são mais limitadas e restritas. A flexibilidade é necessária para que você possa se ajustar e adaptar-se continuamente às futuras mudanças na profissão e continuar sempre atualizado e adequado às novas demandas que surgirem. Dê um espaço para a variação. Foco e flexibilidade precisam se equilibrar na construção de seu futuro profissional.

3. O jogo entre ordem e caos

Não resta dúvida de que você precisa organizar todas as suas coisas para se preparar para o futuro profissional. Isso significa que você deve montar seu sistema de informação, isto é, sua biblioteca e suas anotações para que você possa ter um vasto material de consulta futura quando necessitar. Certamente, você vai necessitar disso. Isso lhe permitirá utilizar ideias e informações de maneira rápida e eficiente como base para seu trabalho futuro. Caso contrário, a maior parte da informação colhida durante toda a universidade vai se perder nos labirintos de sua memória. O rendimento cai por terra. E seu valor de mercado – o preço que pagarão pelo seu trabalho – vai despencar. É preciso classificar, organizar e disponibilizar todo o material aprendido durante o curso, para que você o aproveite integralmente em seus futuros trabalhos. Ordem e progresso. Essa será a sua plataforma de trabalho.

Contudo, um certo teor de caos estimula a imaginação, a criatividade, a inventividade, a engenhosidade e a inovação. Você não pode simplesmente se ater única e exclusivamente ao material que recebeu e ficar totalmente preso e limitado a ele, mas precisa adicionar e contribuir com algo que seja de sua própria engenhosidade e criação pessoal. Daí a necessidade do espírito empreendedor que cria o caos. Assim, ordem e caos têm de estar em perfeito equilíbrio. O excesso de qualquer um deles pode levar à estagnação de um lado, ou a castelos no ar e devaneios de outro.

4. Conhecimento: a moeda do futuro

Outro aspecto importante é que a fonte do sucesso de hoje não é mais a disponibilidade de meios materiais ou físicos, como dinheiro ou recursos. Por exemplo, recursos naturais como terra, ouro, petróleo, fábricas, máquinas, instalações tiveram o seu apogeu em todo o decorrer da Era Industrial. Hoje, tornaram-se mercadorias que podem ser compradas ou alugadas em qualquer lugar do mundo. E o capital financeiro – aquilo que se refere aos ativos financeiros das pessoas e das empresas – está cedendo o trono para o capital intelectual. O capital intelectual é abstrato, intangível e invisível. Hoje, o poder não está em coisas físicas e tangíveis, estáticas e inertes, mas no conhecimento. Bill Gates, um dos homens mais ricos do mundo, tem sua fortuna construída em bens nada tangíveis, apenas em conhecimento. O dínamo do futuro é o conhecimento. Bens intangíveis e invisíveis – como conhecimento, habilidades e competências pessoais – constituem a nova riqueza na Era da Informação. Conhecimento não ocupa lugar e nem tem peso. Não pode ser roubado. E é ele que constituirá o seu capital intelectual. E você terá o seu valor de mercado definido por esse capital intelectual que poderá juntar e reunir ao longo do tempo de preparação de sua carreira. Não se esqueça disso. Todo o tempo na universidade deverá ser dedicado à construção desse capital e, com ele, você terá condições de ganhar sua vida e viver melhor. Invista fortemente nesse capital e ele lhe trará muitos retornos para o resto de sua vida. Quando você for procurar um emprego, a primeira coisa que irão querer saber será o volume e profundidade do seu conhecimento. Para tanto, você vai enfrentar testes, provas e entrevistas. E será o seu conhecimento que definirá sua posição na empresa e o seu ganho como salário.

Em um mundo em mudança e transformação, o jogo entre ter foco e ter flexibilidade, o jogo entre ordem e caos e o conhecimento como moeda do futuro são os aspectos que você precisará levar sempre em conta.

Esses são os quatro paradoxos e contrastes que você precisa saber contemplar e harmonizar. Você está lidando com uma riqueza infinita: o conhecimento que adquirirá na universidade e o que você poderá fazer futuramente com ele. Você poderá ser extremamente bem-sucedido ou não em seu futuro, dependendo da maneira como souber compatibilizar todas as exigências conflitantes que o mundo moderno impõe aos profissionais, quaisquer que sejam seus campos de atividade. Mas, independentemente de integrar contrastes e desequilíbrios que fatalmente surgirão, tudo isso dependerá da construção da riqueza maior: o conhecimento que você irá assimilar e incorporar. Fazemos votos de que você possa construir toda essa riqueza e usufruí-la adequadamente no seu futuro. É para isso que estamos aqui.

2 O planejamento da carreira

Tão importante quanto saber aonde você quer chegar é saber exatamente como chegar lá. Ter um objetivo em mente é fundamental. Mas o planejamento é a condição necessária para poder alcançá-lo. Você precisa ter um objetivo e saber planejar como torná-lo uma realidade.

Fala-se muito em planejamento de carreira. É um assunto extremamente atual e fundamental para o sucesso de cada pessoa. Você não pode enfrentar o mundo profissional apenas com boa vontade e improvisação. O mundo real requer algo mais. O plano de carreira é uma tarefa imprescindível para o futuro sucesso na vida profissional. Planejar significa preparar o futuro com antecedência e antecipação. Significa tomar, agora, decisões cujas ações se projetarão no futuro. Coisa que nem sempre fazemos muito bem.

O planejamento é o contrário da improvisação e do acaso. Significa olhar para frente e visualizar realisticamente o que se pretende alcançar (objetivos) e a melhor maneira de chegar lá (estratégia). Objetivos e estratégia para alcançá-los. Fins e meios apro-

Características da profissão

- Requisitos básicos da profissão
- Condições de trabalho
- Perspectivas de futuro
- Oportunidades de mercado
- Padrões de remuneração
- Progresso exigido
- Imagem da profissão
- Exigências do trabalho
- Mudanças pela frente
- Necessidade de competências

→

Características pessoais

- Traços de personalidade
- Aptidões e inteligências básicas
- Aspectos vocacionais
- Interesses pessoais
- Visão pessoal do futuro
- Necessidades pessoais
- Realização pessoal
- Potencial de desenvolvimento
- Atualização profissional
- Competências pessoais

Figura 2.1 As características da profissão e as características pessoais.

priados. O primeiro passo do planejamento é fixar os objetivos a alcançar; o segundo é escolher a melhor estratégia para atingir os objetivos com mais facilidade, menor esforço e mais eficiência.

O planejamento da carreira exige a compatibilização e adequação de duas variáveis básicas e fundamentais: de um lado, as suas características pessoais – traços de personalidade, preferências pessoais e inteligência; e de outro lado, as características da profissão que você vai escolher. A escolha da futura profissão deve proporcionar um casamento perfeito entre essas duas variáveis.

Em outras palavras, você deve escolher a profissão que exija características pessoais equivalentes ou adequadas às suas. Se não houver esse ajustamento entre o que você é e o que a profissão escolhida exige, você está pegando um ônibus errado. Mais cedo do que imagina, você terá de saltar dele no meio do caminho e procurar outra condução para voltar onde estava, para, então, poder começar tudo novamente e tentar chegar ao seu futuro. Portanto, planejar a carreira futura pressupõe a união dessas duas variáveis básicas: suas características pessoais e as características da profissão que você pensa em seguir.

Assim, você tem duas incógnitas a esclarecer. A primeira se refere às suas próprias características pessoais: quais são as suas aptidões (tipo de inteligência que predomina em você) e as suas habilidades, talentos e preferências vocacionais. Aptidões e habilidades constituem a bagagem que você tem e precisa saber aproveitar ao máximo no seu futuro. Quais são os seus principais traços de personalidade? O autoconhecimento e a autopercepção são fundamentais para que você conheça melhor quais são os seus pontos fortes (que você precisa saber utilizar e aproveitar ao máximo) e quais são os seus pontos fracos (que você precisa saber corrigir ou neutralizar).

A segunda incógnita se refere à profissão na qual você possa aplicar, da melhor maneira possível, os seus pontos fortes pessoais e sair-se perfeitamente bem no futuro. A escolha da profissão não pode ser feita apenas ao acaso ou pelo nome ou encantamento que ele provoca em você. E nem pelo que você possa imaginar a respeito dela.

O primeiro passo é resolver duas incógnitas: o autoconhecimento e o conhecimento da oportunidade profissional mais adequada para o seu perfil pessoal. O segundo passo será fazer o casamento de ambas as incógnitas: definir o próprio futuro, onde você tem mais condições pessoais de ser bem-sucedido, e em qual universidade você poderá iniciar o seu longo processo de formação profissional.

O que é carreira profissional?

A palavra *carreira* pode ser usada com vários e diferentes significados. No sentido popular, significa o avanço ou progresso profissional de uma pessoa ao longo de sua existência. No sentido estrito, a carreira é a sequência de posições, funções, cargos ou papéis que uma pessoa ocupa ou desempenha no decorrer de toda a sua vida profissional. A carreira representa um contínuo repositório de conhecimentos, habilidades, experiências e competências, que vão se acumulando e proporcionando o crescimento da pessoa na execução de suas atividades, na solução de problemas e na criação de inovações. A carreira está intimamente relacionada com o sucesso no trabalho profissional.

GUIA Um verdadeiro conto de fadas

Alberto Silva tem 18 anos. Todas as tardes, ele ajuda o pai que é dono de uma sofisticada oficina mecânica de automóveis. Está terminando o ensino médio pela manhã e faz, à noite, um curso preparatório para os vestibulares de engenharia mecânica. Suas notas em matérias de exatas (matemática, física e química) deixam muito a desejar. – Não sou muito bom nisso, afirma Alberto.

O pai deseja que o filho siga uma excelente carreira profissional em alguma empresa de renome, já que tem outro filho mais velho que também o ajuda nos seus negócios. Alberto deseja – ou pelo menos pensa que deseja – ser engenheiro mecânico. Para o pai, seria um sonho ter um filho engenheiro. Ao trocar ideias com Alberto, perguntei a ele qual era a sua impressão pessoal sobre a atividade do engenheiro. Eu ouvi uma série de imagens irreais, românticas e distorcidas a respeito: na cabeça de Alberto, o engenheiro mecânico é um profissional de alto nível, que trabalha em uma sala iluminada, com ar-condicionado e repleta de mesas, nas quais elabora projetos de máquinas e novos produtos a serem desenvolvidos; para ele, o engenheiro parece trabalhar com computação e sofisticadas estações de trabalho (*workstations*).

Rapidamente, percebi que Alberto jamais havia visto de perto o trabalho de um engenheiro mecânico e nunca conversou com alguém que realmente exerça ou conheça a profissão. Alberto passou a desenvolver subjetivamente uma noção romântica e platônica a respeito dessa profissão. Essa visão ideal da profissão pouco condiz com a realidade prática. Alberto está vivendo um conto de fadas. Certamente, o sonho não durará muito. O casamento de Alberto com a engenharia mecânica terá curta duração. Não foram feitos um para o outro, pois Alberto não sabe que irá enfrentar muita matemática, física e química na universidade e, mais adiante, muito trabalho duro de chão de fábrica para fazer decolar sua carreira. A ruptura prematura será inevitável por total incompatibilidade entre o que Alberto tem em mente como sonho e a prática cotidiana da profissão escolhida. Um casamento impensado e fadado ao fracasso.

Antigamente, eram as organizações – como empresas, instituições, universidades, hospitais, laboratórios, indústrias, serviços, comércio etc. – que assumiam programas para desenvolver a carreira profissional de seus funcionários, para atender às suas necessidades atuais e futuras. Como o mundo mudava muito pouco, a carreira era uma longa sucessão de postos de trabalho gradativamente mais complexos e elevados, que a pessoa ia ocupando em função de seu mérito ou competência. Em geral, a carreira levava o indivíduo a galgar escalões gradativamente mais elevados na hierarquia organizacional. E, com isso, as organizações se supriam de pessoas adequadamente preparadas para as suas necessidades específicas, mantendo suas operações em funcionamento.

Hoje, as organizações em geral e as empresas em particular estão reduzindo níveis hierárquicos – por meio da reengenharia, do enxugamento e da redução de postos e de custos – fazendo com que a carreira profissional nem sempre seja vertical e ascendente na hierarquia, mas, muitas vezes, horizontal, lateral e cheia de curvas pela frente.

A competição está forçando as organizações e empresas a fazer mais com cada vez menos. E isso está influindo no tradicional encarreiramento vertical. Muitas vezes, a escada da carreira pode ser até descendente, no sentido de fazer com que as pessoas aprendam outros conhecimentos e habilidades que estão fora do seu corredor profissional. Na verdade, as carreiras estão passando por mudanças incríveis. Mas o importante é que elas estão cada vez mais importantes, tanto para as pessoas como para as organizações. O progresso na carreira exige intensa capacitação e flexibilidade para adaptar-se continuamente aos novos e diferentes desafios.

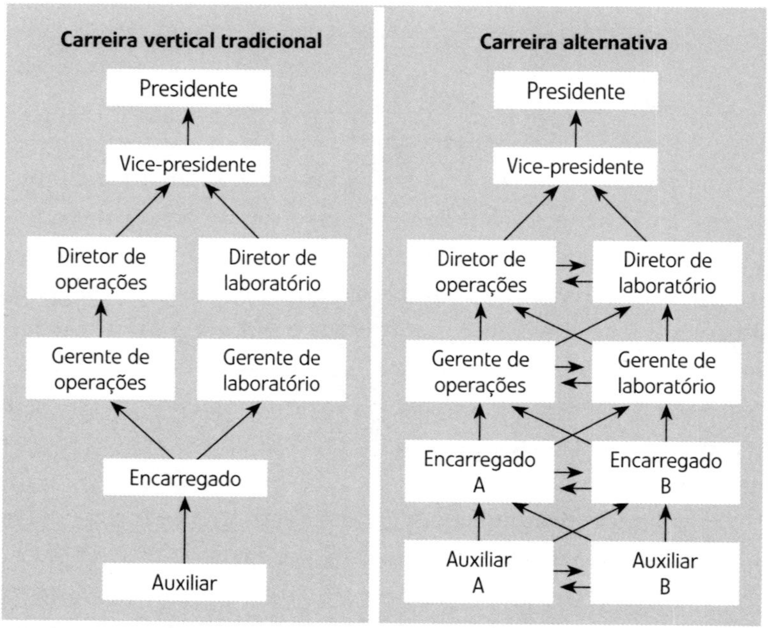

Figura 2.2 As mudanças nos planos de carreira.

Isso impõe a necessidade premente de aprender a aprender, aprender cada vez mais rapidamente e aprender sempre para continuar atualizado na respectiva área de atuação profissional.

Em resumo, a vida profissional na Era da Informação exige que cada pessoa seja um eterno aprendiz. A razão? Simples. A cada dia que passa, o conhecimento sofre mudanças incríveis, além de novidades que surgem a cada momento. Não dá mais para formar o profissional pronto e acabado no final de cada curso universitário, como acontecia antigamente. Hoje, a universidade prepara o profissional para que ele possa se desenvolver continuamente em sua vida profissional. Para tanto, ele precisa atualizar-se e reciclar-se constantemente.

Autogerenciamento da carreira

O mundo está mudando cada vez mais rapidamente. Atualmente, quem precisa se preocupar com a carreira não é mais a empresa ou organização em que você trabalha ou vai trabalhar. Essa incumbência está rapidamente passando para as mãos de cada pessoa. Em outros termos, cada pessoa é que deve administrar a sua própria carreira profissional e saber como ajustá-la continuamente às demandas e exigências de um mundo em rápida mudança e transformação. O autogerenciamento da carreira é uma responsabilidade individual de cada pessoa.

Isso significa que, nas organizações de hoje, cada pessoa deve procurar conhecer seus próprios talentos e saber como desenvolvê-los e aplicá-los ao longo de sua vida profissional, para aproveitar as oportunidades que surgem intempestivamente, evitar a obsolescência e neutralizar as ameaças que possivelmente venham a surgir, como o desaparecimento de certas profissões e o aparecimento de outras completamente novas e inovadoras. O autogerenciamento da carreira deve começar o mais cedo possível e perdurar até o fim da sua vida profissional. Trata-se de um caminho sem fim.

Este é o momento oportuno para iniciar. Você precisa começar a autogerenciar sua carreira desde agora. O planejamento dela é a primeira etapa. Esse é um assunto de sua inteira responsabilidade pessoal. Não o deixe em outras mãos. Ele é importante demais para delegá-lo a outras pessoas. Seu futuro não pode ficar ao léu e nem estar na mão de outras pessoas. A bola é inteiramente sua! Comece por escolher sua futura profissão.

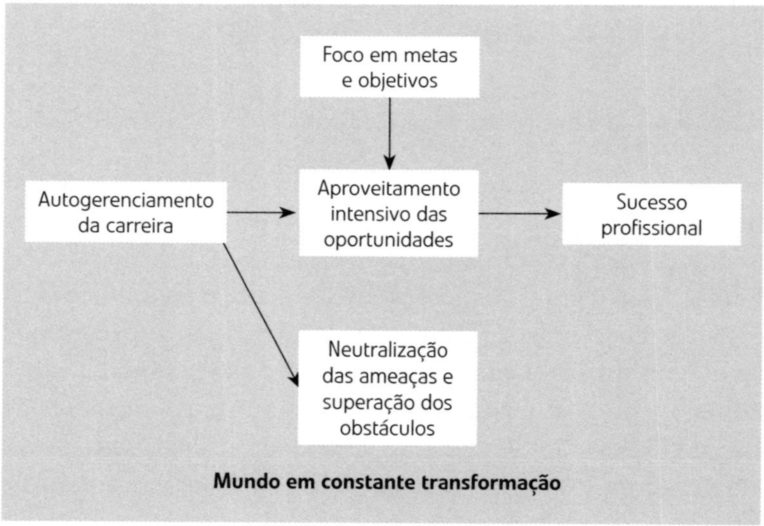

Figura 2.3 O autogerenciamento da carreira.

Você S/A

Como você está se posicionando frente à escolha de sua carreira profissional?

Você pode estar abordando o assunto como mera trivialidade ou problema momentâneo ou, então, estar profundamente preocupado com o que fará ao longo de sua vida. Pois bem, esse assunto precisa ser tratado como prioridade número 1, aquela que vem antes de todas as demais, porque se trata de como você vai viver daqui a 10, 20 ou 30 anos pela frente.

Você não pode se deixar levar ao sabor dos ventos ou ao léu. Você precisa construir o seu futuro. A partir de agora. E isso é responsabilidade totalmente sua. Seus pais podem ajudar muito, mas a tarefa é da sua inteira alçada. É indelegável. Para você construir seu futuro, você precisa planejá-lo antes que ele aconteça por sorte do acaso. Não deixe que o futuro chegue antes de você planejá-lo adequadamente.

GUIA Uma história de ensaios e erros

Pedro Moura é um jovem de 24 anos, filho de uma família de classe média e está cursando o 2º ano de Economia. Na realidade, a sua vida é dedicada inteiramente aos estudos. Seu pai é professor de matemática em uma respeitável universidade e sua mãe é uma bem-sucedida dentista, especializada em ortodontia. Pedro tem um amigo, Walter Pellegrini, um jovem que trabalha desde os 18 anos em uma indústria farmacêutica, como supervisor de produção. Walter tem 28 anos de idade, também é solteiro, mas trabalha para sustentar a família, que dispõe de poucos recursos. Por tal razão, estuda o 2º ano de Economia à noite, sacrificando sua vida pessoal e investindo tempo e esforço no seu curso.

O que têm ambos em comum? Quase nada, com exceção de um detalhe: os dois estão tentando pela terceira vez levar adiante um curso superior. Depois de duas longas tentativas frustradas, Pedro e Walter iniciaram mais uma vez um novo curso universitário. Perderam tempo, esforço e dinheiro e, sobretudo, uma razoável parcela do seu futuro, que ficou um pouco mais distante. E de lambuja, perderam também um pouco de esperança. As desistências de cursos anteriores soam como um fracasso difícil de esquecer. Agora, ambos tentam recuperar parte do tempo perdido.

O que aconteceu com eles? Muito simples. Entraram pela porta errada. Faltou-lhes orientação adequada sobre o seu futuro profissional. Não fizeram um planejamento de carreira a fim de ingressar no caminho certo e capaz de conduzi-los mais rapidamente ao sucesso profissional. Ficaram atrás na poeira de seus outros amigos mais bem-sucedidos que já terminaram o curso universitário e estão trabalhando com sucesso em suas respectivas profissões.

» CARREIRA E COMPETÊNCIA

No livro, *Carreira e competência: gerenciando seu maior capital*, revisado e relançado com o título *Carreira – você é aquilo que faz*, para mostrar a importância das decisões pessoais na carreira, tratou-se da busca do emprego, da empregabilidade e de como se manter atualizado em um mercado de trabalho caracterizado pela constante mudança e transformação. Contudo, o foco principal do livro está em como você pode oferecer seu produto/serviço ao mercado.

Na verdade, o produto é você mesmo: seu talento pessoal é a sua atividade profissional. É isso o que você vai vender futuramente no mercado. Você é o produto e a aplicação do seu talento e de suas habilidades: isto constitui o serviço a ser prestado. O primeiro passo, portanto, é conhecer e preparar o seu produto/serviço. Para conhecer melhor o seu produto/serviço, você deve responder a algumas perguntas básicas sobre seus pontos fortes. Eles serão as suas vantagens competitivas, a saber[1]:

1. Quais são minhas principais características positivas como pessoa e como profissional?
2. Quais são os traços mais marcantes de minha personalidade?
3. Quais são minhas principais habilidades como profissional?
4. Quais são meus principais pontos fortes que devo explorar?
5. O que eu sei fazer bem e como posso melhorar?
6. Em que condições e situações eu trabalho melhor?
7. Quais são os meus aspectos-âncoras positivos? Ou seja, quais são os aspectos favoráveis que mais atraem a atenção sobre a minha pessoa?
8. Quais são os aspectos mais importantes de minha formação intelectual?
9. Quais são os aspectos mais importantes de minha experiência profissional?

Ao lado dos pontos fortes que o ajudarão no sucesso profissional, você deve conhecer também o seu lado frágil, isto é, os seus aspectos frágeis e negativos e que, provavelmente, irão fazê-lo perder pontos. As perguntas básicas são as seguintes:

1. Quais são os principais pontos fracos que devo corrigir ou neutralizar?

---

[1] CHIAVENATO, I. *Carreira*: você é aquilo que faz. São Paulo: Saraiva, 2006, p. 26-7.

2. Quais são minhas principais características negativas como pessoa?
3. Quais são minhas principais carências como profissional?
4. O que eu não sei fazer bem e como posso superar esta deficiência?
5. Em que condições e situações eu trabalho pior?
6. Quais são os meus aspectos-âncoras negativos? Ou seja, quais são os aspectos desfavoráveis que mais chamam a atenção sobre a minha pessoa?
7. Quais são os aspectos negativos de minha formação intelectual?
8. Quais são os aspectos negativos de minha experiência profissional?

A ideia básica é que você melhore ainda mais os seus pontos fortes e saiba ostentá-los na vida profissional. É o seu lado positivo que deve ser realçado e valorizado. Contudo, você também precisa saber quais são os seus pontos fracos para que possa corrigi-los, melhorá-los ou, pelo menos, evitar sua exposição aberta. É o seu lado negativo que precisa ser melhorado ou corrigido. Enquanto o seu lado positivo rende pontos, o seu lado negativo derruba pontos na sua avaliação em comparação com outros profissionais.

Assim, a construção da sua carreira profissional requer que você assuma um papel ativo e empreendedor. Papel de protagonista e de ator, e não de mero espectador, como um convidado para assistir passivamente a um filme pela televisão. Você deve tratar do assunto não como se fosse simplesmente um sonho que poderá ou não acontecer, mas como um produto/serviço ou um negócio sumamente importante que você está planejando e construindo. Algo que você oferecerá ao mercado no futuro. Você terá (ou não) compradores, concorrentes, preços alternativos e procura adequada se tomar alguns cuidados, os quais precisam ser tomados desde agora. É o seu futuro que está em jogo. Deixar para depois pode significar ser tarde demais.

» PLANEJAMENTO, DESENVOLVIMENTO E GESTÃO DA CARREIRA

Pessoas mais promissoras em suas profissões – porque conseguiram juntar e articular características pessoais, tipo de inteligência e interesses vocacionais – são, geralmente, disputadas por organizações, empresas ou empreendimentos.

Em geral, costuma-se fazer quatro distinções a respeito da carreira:

- *Planejamento da carreira*: é o processo pelo qual a pessoa identifica e implementa os passos necessários para atingir elevado grau de sucesso em uma carreira.
- *Desenvolvimento da carreira*: envolve o planejamento da carreira e a gestão da carreira para torná-la bem-sucedida.
- *Gestão da carreira*: é o processo pelo qual uma organização ou empresa seleciona, avalia, dá atribuições e desenvolve as pessoas que nela trabalham para obter um grupo de pessoas qualificadas a atender às necessidades atuais e futuras[2]. Neste caso, cada organização ou empresa busca os talentos de que necessita para realizar suas tarefas e operações.

---

2 HALL, D. T., et al. *Career development in organizations*. San Francisco: Jossey-Bass, 1986.

- *Autogerenciamento da carreira*: é o processo pelo qual a pessoa passa a fazer a gestão da sua própria carreira, assumindo totalmente a responsabilidade de se atualizar e reciclar constantemente a fim de manter sua empregabilidade.
- *Empregabilidade*: é a condição de uma pessoa manter-se sempre empregada e constantemente procurada e convidada pelas organizações e empresas do mercado.

Uma ideia interessante é tratar a sua carreira como se fosse um negócio promissor, uma empresa, um empreendimento pessoal de longo prazo. Você tem o produto (que é você próprio ou aquilo que você poderá oferecer ao mercado em termos de conhecimentos, habilidades e competências em sua profissão), um mercado (organizações, empresas ou quem quiser comprar no futu-

» VOCÊ ESTÁ EM UM NEGÓCIO

Andrew Groove, presidente e fundador da Intel, apregoa: "Você precisa entender que, não importa onde você trabalhe, você não é um empregado; você está em um negócio com um empregado – você mesmo"[3]. Pensar apenas como um empregado significa limitar seus horizontes às tarefas que rotineiramente você executa. Você não nasceu para ser um simples executor de tarefas rotineiras. É preciso pensar grande. Você deve se pensar como um negócio, como um fornecedor de conhecimento, habilidades e inovações, como um profissional que domina seu campo de atividades e fornece soluções realmente eficazes. No futuro, pense nisso quando você for trabalhar.

---

[3] GROVE, A.S. A high-tech CEO updates his views on managing and careers. *Fortune*, n. 18, sept. 1995, p. 229.

ro os seus conhecimentos, habilidades e competências), você terá um preço de acordo com o seu produto (salário, comissões, prêmios) e terá concorrentes (as pessoas que também oferecerem no mercado aquilo que você vai oferecer) que disputam o mesmo mercado. Tome decisões de longo prazo para que o seu negócio tenha futuro. Isso requer planejamento.

E o primeiro passo do planejamento é a tomada de decisão quanto ao objetivo a alcançar. Onde você quer chegar? Qual a carreira a escolher? Qual será sua futura profissão?

O objetivo a alcançar depende necessariamente das suas condições pessoais. Você pode alçar mais alto o seu voo ou pode utilizar um voo rasante e de efeitos imediatos. Tudo depende do seu perfil pessoal, isto é, das suas características pessoais como tipo de inteligência predominante, preferências vocacionais ou interesses pessoais e os traços mais marcantes de personalidade. Todo esse conjunto – que chamaremos de seu perfil pessoal – constituirá a sua infraestrutura individual para abraçar uma carreira futura. Seu perfil poderá indicá-lo para algumas profissões e con-

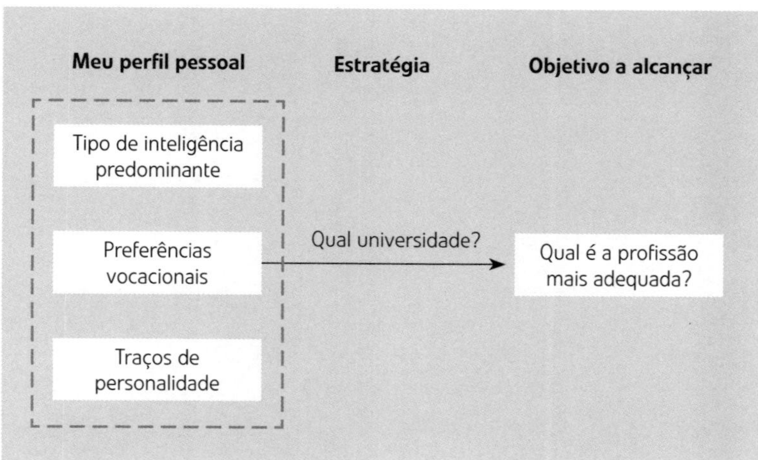

Figura 2.4 O objetivo e a estratégia para alcançá-lo.

traindicá-lo severamente para outras. Isso significa que você poderá ser bem-sucedido ou malsucedido em alguma carreira escolhida dependendo daquilo que você tem facilidade (tipo de inteligência), gosto (preferência) e características adequadas (traços de personalidade) para tanto. Você é a variável independente, enquanto a carreira será tratada como a variável dependente a ser dosada e ajustada.

Para poder planejar sua carreira, torna-se necessário, antes, explicar os estágios de carreira. Em outras palavras, explicar como a carreira profissional é desenvolvida ao longo de estágios que se sucedem na vida do trabalho. Isso é importante para você imaginar como será o seu futuro profissional. É o que veremos no próximo capítulo.

3 Os estágios da carreira

A carreira significa a trajetória profissional que cada pessoa conquista no seu trabalho. Ela é cheia de oportunidades, bem como de barreiras e obstáculos que cada pessoa vai encontrando pela frente, conforme a situação em que se encontra. Logicamente, a carreira depende do preparo profissional de cada pessoa, mas é também poderosamente influenciada por inúmeros fatores internos e externos a ela.

Dentre os fatores internos, estão o esforço em investir pesadamente no aprendizado e em se reciclar e atualizar os conhecimentos para manter a competitividade. Um banco de dados ajuda muito. E o que é um banco de dados? Nada mais que uma boa biblioteca onde você possa fazer consultas durante toda a sua vida profissional, além de um repositório de dados em seu computador pessoal, notebook ou netbook. Um verdadeiro sistema de informação. Aliás, você não pode confiar em sua memória para reter tudo o que aprendeu ou aprenderá durante 2 ou 4 anos de universidade. Você até pode ter uma excelente memória, mas nem a proverbial memória de elefante poderia reter tanto material cognitivo. Tenha suas armas prontas para a luta profissional. Uma delas, é a informação prontamente disponível por meio de livros.

Os estágios da carreira profissional

Ao longo de toda a sua vida profissional, cada pessoa passa por seis estágios sucessivos e cumulativos de carreira, a saber: exploração, preparação, estabelecimento, desenvolvimento da car-

» OS DEGRAUS DA ESCALADA PROFISSIONAL

Por que é importante conhecer os estágios da carreira profissional? Simples. Nada melhor do que conhecer a trajetória a ser feita ao longo da vida profissional para melhor se preparar para ela. Com um mapa na mão, qualquer pessoa pode chegar a um determinado destino ou lugar. O mapa mostra as alternativas de caminhos a seguir. O mesmo ocorre com os estágios da carreira profissional. Cada estágio representa um degrau na imensa escada ou escalada a percorrer até chegar ao seu topo. É para lá que você precisa se preparar. Pense no Everest, e não no vale das sombras ou no buraco de algum poço escondido. Seja uma águia que vai às alturas em vez de uma galinha que fica ciscando no chão.

Dentre os fatores externos, estão o tipo de atividade profissional escolhida, o local de trabalho que você preferiu adotar, as oportunidades que surgirão pela frente e as ameaças que estão rondando algumas profissões. A carreira profissional começa na escola, define-se na universidade e estende-se por toda a vida da pessoa, indo até a aposentadoria ou o retiro da vida profissional na fase idosa.

reira, carreira terminal e declínio profissional. Este é o ciclo de vida profissional: do nascimento até a morte de sua carreira. Cada um desses estágios de carreira tem suas características próprias, que cada pessoa deve conhecer para poder extrair o máximo de benefícios de cada estágio.

1. Exploração

É o primeiro estágio da carreira. Tem um caráter preparatório que envolve a escolha da formação educacional e profissional e a tentativa de procurar e localizar a futura profissão. É o estágio da tomada de decisão. Representa a etapa do impulso inicial, da arrancada em primeira marcha em direção à futura profissão. Neste estágio, após terminar o ensino fundamental e o ensino médio da educação formal, o jovem examina as possíveis alternativas de profissão que conhece, escolhe a profissão desejada para o seu futuro e planeja-se para iniciar os estudos universitários, a fim de preparar-se academicamente para a profissão.

No estágio de exploração, o jovem termina o colégio e defronta-se com as várias alternativas de cursos universitários. Quase sempre, a experiência profissional é inexistente, pois o jovem nunca entrou em uma empresa, em um laboratório, em um hospital, em um banco, em uma financeira, em um fórum, em uma fazenda ou repartição pública para saber como funciona e não sabe nem o que se faz nessas organizações. Sua noção a respeito das profissões ou das carreiras profissionais é muito superficial e subjetiva. Geralmente, o jovem faz deduções próprias a respeito das informações que recebe a partir de conversas, comentários, explicações vagas, histórias de sucesso e de fracasso etc. Quase sempre faz escolhas futuras a partir de pressuposições pessoais imaginosas e que pouco tem a ver com a realidade prática.

» A IMPORTÂNCIA DO ESTÁGIO DE EXPLORAÇÃO

É no estágio de exploração que o jovem localiza, identifica e escolhe a sua futura profissão. Daí a importância fundamental desse estágio. Qualquer erro nessa escolha pode significar enormes perdas para o futuro. Qualquer caminho inadequado não levará a lugar algum. O retorno ao ponto inicial pode redundar em perda de tempo, oportunidades, dinheiro, esforços e esperanças. Por essas razões, o estágio de exploração deve ser cuidadosamente definido, para que o jovem possa cursar o caminho mais adequado para sua plena realização pessoal e profissional no futuro.

No estágio da exploração, o jovem geralmente se prepara para o vestibular ou faz algum exercício de orientação vocacional. É a fase da encruzilhada, quando deve escolher, dentre várias alternativas, qual será o seu caminho para o futuro. É para esta etapa vital e crítica que nos preocupamos em escrever este livro.

2. Preparação

É o segundo estágio da carreira, aquele em que a pessoa passa a investir em si mesma para poder se estabelecer na profissão. É o estágio do estudo e investimento no conhecimento profissional. Para quem optou pelo curso técnico profissionalizante, o estágio da preparação não chega a ultrapassar os 20 ou 22 anos. Para quem escolheu a alternativa universitária, o estágio da preparação dura, em média, dos 18 até os 25 anos.

No estágio de preparação, o jovem escolhe um curso e uma universidade para preparar-se adequadamente para a carreira

DICAS **A diferença entre profissões e cargos**

Em geral, os jovens são propensos a escolher profissões de nível superior, como Engenharia, Medicina, Direito, Economia, Letras etc., sem ter muita noção de suas possibilidades pessoais e do que acontece no mercado de trabalho. O problema é que o mercado de trabalho não se organiza por profissões, mas por cargos, ocupações ou funções, como vendedor, professor, pesquisador, gerente, diretor, auditor fiscal do Tesouro Nacional, administrador hospitalar etc.

Enquanto as profissões de nível superior chegam a pouco mais de uma centena de opções, as ocupações no mercado de trabalho contam aos milhares. Além disso, na hora de contratar funcionários, as empresas e o governo não se preocupam muito com a profissão que consta no diploma universitário do candidato. Eles procuram pessoas competentes para ocupar cargos e funções e aceitam diplomas de várias profissões. Os concursos abertos pelo governo federal para cargos de nível superior podem ser disputados com qualquer diploma de nível universitário. Ao lado da especialização, o mercado de trabalho procura a capacidade de realizar e de adaptar-se aos diversos cargos e ocupações.

O problema é que os currículos universitários ainda são rígidos, estanques e pouco adaptados às mutáveis exigências do mercado de trabalho. Assim, você precisa ter jogo de cintura suficiente para transformar o que vai aprender na escola em um produto ou serviço que interessa ao mercado de trabalho. Na verdade, o produto ou serviço a ser oferecido será você mesmo, com a sua bagagem de conhecimentos, habilidades, atitudes e competências à disposição de quem se interessar[1].

---

[1] CHIAVENATO, I. *Carreira*: você é aquilo que faz. 2. ed. São Paulo: Saraiva, 2006.

» A NECESSIDADE DE RECICLAGEM CONSTANTE E ININTERRUPTA

Antigamente, o estágio de preparação se limitava ao curso universitário. O jovem se formava em Medicina, Direito, Engenharia ou Economia e estava totalmente pronto para enfrentar a profissão escolhida durante a vida inteira. É que o mundo pouco mudava e o combustível fornecido em termos de conhecimento pela universidade tinha uma vida longa e permitia chegar ao destino final. Nos dias de hoje, o estágio de preparação praticamente dura a vida toda do profissional. É que o mundo está mudando intensamente a cada momento. Novas tecnologias, novos produtos, novos serviços e, no fundo, novos conhecimentos avultam a todo instante, fazendo com que conhecimento, tecnologias e produtos se tornem rapidamente obsoletos e ultrapassados. Daí a necessidade de constante reciclagem e atualização. Não é fácil surfar sempre na crista da onda. O importante é manter-se lá no alto enquanto as ondas mudam incessantemente.

profissional. Estuda, enfrenta os exames vestibulares, escolhe a instituição que melhor lhe convém, inicia e completa os estudos universitários de ponta a ponta. Em alguns casos, chega a fazer estágios exigidos pela escola como complemento de sua formação profissional. Em outros casos, além do curso universitário, faz outros cursos de pós-graduação, como aperfeiçoamento, MBA, mestrado, doutorado etc.

O estágio de preparação representa o investimento pessoal para a obtenção do conhecimento preliminar necessário para a profissão. Para valer a pena, esse longo e exaustivo autoinvestimento – que custa tempo, dinheiro, muito esforço e dedicação – precisa ter um retorno garantido no médio e longo prazo.

DICAS Como escolher a melhor universidade?

Não basta escolher uma carreira adequada às suas habilidades e capacidades pessoais. É necessário também saber escolher a instituição certa. Se você tem um alto nível de aspiração profissional, procure uma instituição de ensino de primeira linha. Vai certamente pagar mais caro e penar mais com os estudos, mas é o melhor caminho para se preparar e investir em si mesmo. Procure conhecer as avaliações feitas no mercado para saber quais são as melhores instituições em determinadas áreas do conhecimento humano.

Agora se você tem um baixo nível de aspiração profissional, então qualquer uma serve, independentemente da qualidade do seu ensino e do seu corpo docente. Mais adiante, você encontrará algumas dicas a respeito das melhores instituições nos diversos segmentos de ensino. A universidade será o meio através do qual você enriquecerá o seu patrimônio intelectual – a sua principal riqueza pessoal – em direção à carreira escolhida. Quando você tiver cursado a universidade, ela poderá ser um elemento impulsionador de sua carreira – se for realmente boa – ou uma pedra no seu caminho – se ela tiver uma imagem precária no mercado. Pense bem.

3. Estabelecimento

É o terceiro estágio da carreira, aquele em que a pessoa termina seus estudos universitários e assenta-se na profissão. Quando começa efetivamente a tocar sua carreira para frente. É o estágio do início da atividade profissional propriamente dita. O estágio do estabelecimento significa o período em que a pessoa escolhe a empresa, a organização, o negócio ou a atividade para trabalhar e aplicar os conhecimentos acumulados no estágio anterior de preparação.

O estabelecimento da carreira geralmente se situa entre 22 e 35 anos para a maioria da população. Significa o engajamento da pessoa em uma atividade profissional que seja adequada às suas características pessoais e ao conhecimento acumulado no estágio anterior. Quanto melhor o preparo acadêmico, tanto mais fácil e rápido será o estágio de estabelecimento na carreira. O ideal é que a pessoa se estabeleça na profissão que escolheu, em que estudou e se preparou. É o caso do médico que vai trabalhar em Medicina, do advogado que se dedica à carreira jurídica, do administrador que atua em uma empresa ou do biologista que vai trabalhar em um laboratório. Quando um físico ou matemático vai trabalhar como gerente de vendas em uma empresa, ele deixa de lado toda uma longa formação universitária, obtida a custo de muito tempo e esforço. Não se deve desperdiçar, mas sim aproveitar intensivamente tudo aquilo que se aprendeu na universidade. É um volume de conhecimentos muito precioso para não ser usado em profundidade depois de tão grande esforço para acumulá-lo.

4. Desenvolvimento da carreira

É o quarto estágio, quando a carreira profissional deslancha. É o estágio em que a pessoa cresce na sua atividade profissional. No desenvolvimento da carreira, a pessoa adquire vivência e experiência profissional e passa a ocupar novas posições por meio de promoções, concursos ou mudanças de posição ou emprego em patamares cada vez mais elevados.

O desenvolvimento da carreira vai dos 30 ou 35 aos 50 anos de idade, em média. Quanto mais adequada a fase de estabelecimento, tanto mais fácil e rápido o desenvolvimento da carreira profissional. Quando a fase de estabelecimento é precária, por se

DICAS **Como escolher a melhor colocação?**

Não basta escolher uma carreira adequada e uma universidade excelente. É necessário também saber assimilar o máximo possível de conhecimentos e habilidades para preparar-se bem. Aproveite intensivamente o seu investimento em estudos para captar o máximo deles. Além disso, você precisa saber escolher onde iniciar a carreira, qual será o seu ponto de partida. Qual a melhor empresa, organização, hospital, laboratório, fazenda, agência, banco, financeira ou negócio para começar a trabalhar. O ponto inicial de apoio para o estabelecimento da profissão é extremamente importante. Trata-se de compatibilizar o tipo de trabalho com os estudos já feitos e com os objetivos que você pretende alcançar pela frente. O estágio profissional será muito importante para você. A rede de interação da sua universidade pode proporcionar contatos com organizações, empresas, escolas, entidades, negócios, em suma, oportunidades para você se engajar como profissional no mercado. Mais adiante retornaremos ao assunto.

engajar em posição errada ou inadequada, a carreira não se desenvolve e a pessoa acaba derrapando o resto de sua vida profissional em posições iniciais e inferiores, sem condições de se desenvolver adequadamente. Em tais condições, a carreira não deslancha.

5. Maturidade da carreira

É o quinto estágio, no qual a carreira se consolida com o tempo, conhecimentos, experiência profissional e competências que cada pessoa vai adquirindo. É o estágio em que a pessoa alcança o ápice de sua atividade profissional. É a fase da maturidade profissional que, em média, vai dos 50 aos 65 anos. Repre-

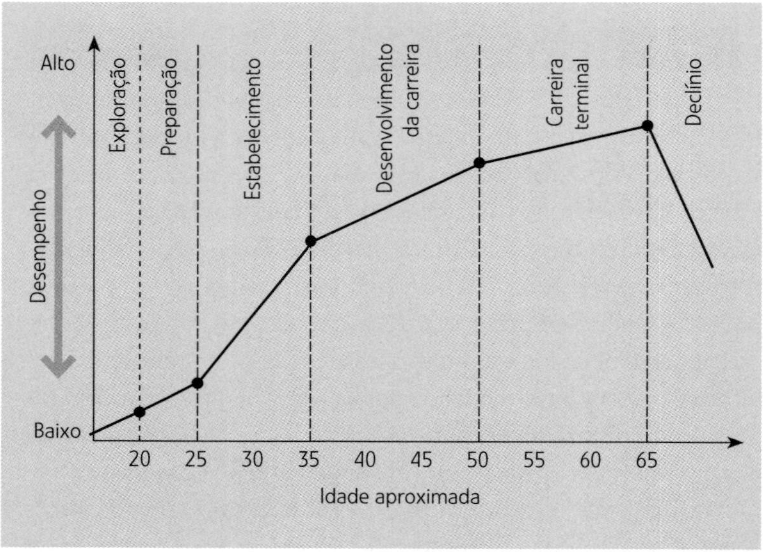

Figura 3.1 Os estágios no desenvolvimento da carreira profissional. Relação entre idade e desempenho.
Fonte: adaptada de Cenzo et al. (1996, p. 272).

senta o ápice da realização humana quando o profissional se assentou na carreira e desfruta de posição social e profissional conquistada ao longo da vida. Nesse estágio, a pessoa ocupa posições mais elevadas ou assume responsabilidades maiores nas suas atividades profissionais.

6. Declínio

É o sexto e último estágio, em que a carreira profissional termina. É o estágio derradeiro da atividade profissional. É a etapa de preparação para a aposentadoria ou retirada da atividade profissional. Geralmente, é a passagem da vida profissional para o retiro pessoal, em que a pessoa se aposenta ou deixa de trabalhar na sua profissão. O declínio da carreira começa geralmente ao redor dos 65 anos, mas tem tido grandes alterações no mundo moderno – prolongando-se para alguns e sendo muito mais prematuro para outros. É claro que pode se antecipar por várias razões: a pessoa acumulou riqueza suficiente para deixar de trabalhar mais cedo, investiu em algum plano de seguridade social ou foi simplesmente demitida antes do tempo desejável.

Estágio	Exigências à pessoa	Definições pessoais
Exploração	Autoexploração e exploração da realidade externa. Análise e avaliação das possibilidades pessoais e das oportunidades de carreira.	Conclusão do ensino médio. Avaliação das escolhas futuras. Opção por um caminho.
Preparação	Desenvolvimento das competências pessoais necessárias à carreira. Autoinvestimento intelectual. Construção da bagagem profissional.	Escolha preliminar da carreira. Determinação pessoal. Vestibulares, início e conclusão dos estudos universitários.
Estabelecimento	Avaliação das oportunidades do mercado de trabalho. Dedicação ao trabalho. Atualização constante.	Escolha do emprego inicial. Luta pelo sucesso. Rivalidade e competição.
Desenvolvimento	Integração à profissão. Desenvolvimento profissional. Crescimento na carreira. Rotação em várias áreas de atividade profissional.	Aprendizagem constante de novas habilidades e de novos conhecimentos. Consolidação da carreira.
Terminal	Maturidade pessoal e profissional. Preparação dos sucessores. Término da carreira.	Aproveitamento do topo da carreira. Planejamento da aposentadoria.
Declínio	Abandono e finalização da carreira. Início de atividades particulares.	Retiro profissional e aposentadoria. Apoio e orientação aos outros.

Figura 3.2 Os estágios no desenvolvimento da carreira profissional.

Os estágios de carreira se sucedem paulatinamente e podem até se sobrepor. Em alguns casos, sofrem retornos para estágios iniciais quando a carreira não é adequadamente planejada e a pessoa não conseguiu se ajustar à carreira escolhida. Outras vezes, o profissional pode queimar etapas e encurtar a longa trajetória.

Uma carreira planejada significa o pleno aproveitamento do autoinvestimento feito no estágio da preparação e a busca de melhores oportunidades para o exercício bem-sucedido da carreira profissional.

Requisitos para a escolha da carreira

Para alcançar o ápice da carreira profissional, há um longo caminho pela frente. Tal caminho poderá ser extremamente agradável e gratificante se a escolha for bem feita, ou poderá ser extenuante e difícil se a escolha não for adequada. Tudo depende de cada pessoa.

Âncoras de carreira

Em geral, as pessoas buscam profissões a partir de certas concepções pessoais ou íntimas que criaram a partir de suas experiências pessoais. Uma âncora de carreira está relacionada com um conceito íntimo que cada pessoa nutre por determinadas ocupações. É um autoconceito que orienta, estabiliza e integra as experiências profissionais de cada pessoa. Assim, as pessoas tendem a buscar ocupações que estejam relacionadas com essa âncora, embora possam mover-se em torno dela, como ocorre com navios ou aviões em situações de tempestade[2].

---

2 MILKOVICH, G. T.; BOUDREAU, J. W. *Administração de recursos humanos*. São Paulo: Atlas, 2000, p. 305.

Existem basicamente cinco âncoras de carreira[3]:

1) *Competência técnica/funcional*: muitas pessoas escolhem aquele trabalho que já realizam atualmente, porque pretendem continuar usando e desenvolvendo essas suas habilidades atuais. São pessoas que relutam em abandonar a especialização atual, evitam mudanças que as afastem de suas competências estabelecidas ou que as levem para outras atividades que lhes são desconhecidas. Se uma pessoa trabalha em vendas e se dá bem nessa atividade, sua orientação seria permanecer definitivamente na área de vendas.

2) *Competência gerencial*: muitas pessoas escolhem aquele trabalho que as leva a integrar os esforços dos outros para torná-los responsáveis pelos resultados e levá-los às suas aspirações de crescimento pessoal. Elas buscam desenvolver suas habilidades gerenciais interpessoais para alcançar altos escalões na administração de organizações ou empresas.

3) *Segurança/estabilidade*: muitas pessoas têm uma orientação no sentido de trabalhar em uma área do conhecimento que lhes traga segurança pessoal, financeira ou geográfica (permanecer no local onde vive) e que garanta sua estabilidade ao longo da vida.

4) *Criatividade*: muitas pessoas têm uma orientação no sentido de criar alguma coisa totalmente própria, como um produto, empresa, trabalho artístico ou mesmo uma fortuna pessoal. Buscam novidade e variedade, e aceitam os riscos decorrentes para poderem ser imaginativas e criativas.

5) *Autonomia e independência*: muitas pessoas têm uma orientação no sentido de evitar o trabalho dentro das limitações impostas pelas organizações ou empresas. Elas se tornam em-

---

3 SCHEIN, E. H. *Career anchors*: discovering your real values. San Diego: Pfeiffer, 1990.

» **AUTOAVALIAÇÃO**

Faça um exame de consciência em relação aos tipos de âncoras profissionais. Em qual delas você poderia se situar? Você busca a manutenção do *status quo* alcançado (competência técnica/funcional), tem aspirações de poder ou liderança (competência gerencial), busca segurança quanto ao futuro, quer criatividade e inovação ou pretende autonomia e independência? Anote abaixo a âncora mais próxima às suas futuras intenções e explique a razão:

1. Competência técnica/funcional:________________
2. Competência gerencial:________________
3. Segurança/estabilidade:________________
4. Criatividade:________________
5. Autonomia e independência:________________

preendedores, criando seus próprios negócios ou fazendo consultoria autônoma para terceiros. Gostam de controlar como, quando e no que trabalham. Gostam de liberdade e autonomia. As pesquisas têm demonstrado que as pessoas tomam decisões sobre carreira profissional com base na semelhança existente entre as características ocupacionais e a visão que elas têm a respeito de si mesmas. Aquelas que se ajustam melhor, acabam obtendo maior sucesso e satisfação em suas carreiras[4]. Além disso, as escolhas de carreira sofrem influências de preocupações como dinheiro, *status*, prestígio. O sexo também influencia as preferências.

---

[4] BRETZ Jr, R.; JUDGE, T.A. *The relationship between personorganization fit and career success*. New York: Cornell University Center for Advanced Human Resource Studies, 1992.

O casamento perfeito

Por incrível que pareça, existem casamentos perfeitos na face da terra. Contudo, o casamento a que nos referimos aqui é a perfeita conciliação do seu perfil pessoal com o perfil da profissão que você vai escolher. Quanto maior a aderência entre ambos, tanto mais oportunidades de sucesso você terá. Assim, saiba escolher a noiva ou o noivo certo.

Na faixa entre os 15 e os 18 anos, em média, o jovem se encontra frente ao desafio de tomar decisões a respeito de sua futura profissão. Nem sempre ele sabe que, para isso, deve alcançar um equilíbrio entre as suas características individuais e as características de sua carreira profissional. Para evitar decisões erradas, que irão tumultuar a sua vida futura, o jovem precisa planejar sua carreira. A carreira escolhida deve ser compatível com seus talentos, objetivos e valores pessoais, bem como preservar a sua autoimagem.

Para escolher adequadamente sua carreira, você precisa conhecer profundamente dois aspectos. O primeiro aspecto é o seu perfil pessoal. O perfil pessoal é determinado pelo tipo de inteligência, pelas preferências vocacionais básicas da pessoa e pelas características de personalidade. O tipo de inteligência predominante define aquilo que a pessoa pode fazer bem e com excelência, ou seja, aquilo que ela pode fazer muito bem, com um pé nas costas. Por outro lado, as preferências vocacionais definem o que a pessoa gosta de fazer e que lhe dá satisfação e prazer, e o que ela não gosta.

O ideal seria que cada pessoa tivesse o tipo de inteligência apropriado à sua preferência vocacional básica: ter facilidade para fazer algo que lhe proporciona, ao mesmo tempo, prazer e satisfação. Nem sempre o perfil pessoal é fácil de ser diagnosticado, pois requer o auxílio de um psicólogo ou orientador vocacional, além de uma profunda dose de autorreflexão. O segundo aspecto é a escolha da carreira futura que se pretende abraçar. Você precisa conhecer todas as várias alternativas para optar por apenas uma delas: aquela em que melhor se enquadre seu perfil pessoal. Este é o caminho certo para você ter mais facilidade e satisfação na sua futura vida profissional.

Diagnóstico

Diagnóstico não é somente uma atividade médica. Tampouco se aplica apenas a doenças ou problemas de saúde. O diagnóstico pode ser feito em assuntos tão diferentes e díspares como lo-

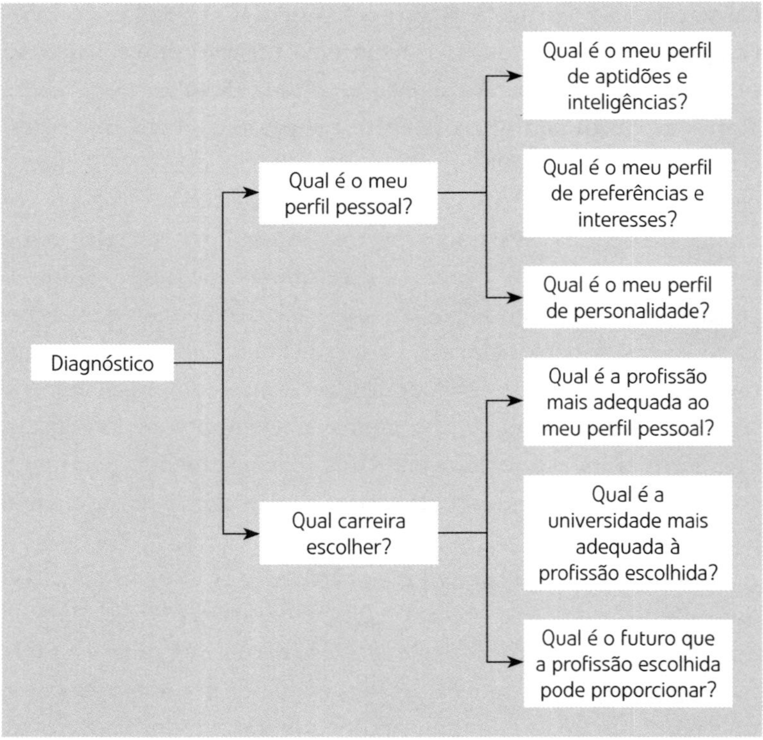

Figura 3.3 Os caminhos pela frente.

calização industrial, topologia de terrenos, consultoria empresarial, psicologia individual ou social, exame estrutural de materiais etc. É o diagnóstico que permite obter informação relevante para definir o caminho a seguir, seja a terapêutica, o posicionamento de uma indústria, as soluções para problemas de empresas, a terapêutica psicológica, a reestruturação de materiais etc. O diagnóstico serve para buscar informações suficientes para propor como a situação ou o problema deve ser tratado. Basicamente, o diagnóstico significa uma conclusão a respeito de algo: o processo para se chegar a uma conclusão ou a conclusão em si mesma. O diagnóstico mostra um quadro referencial a partir do qual se pode ter uma ideia de como tratar o assunto com o maior volume de informação a respeito dele. Estamos no início de nosso diagnóstico.

E o que é o diagnóstico senão a busca de informações a respeito de algo? É o que vamos começar a fazer a partir de agora e nos próximos capítulos.

Prepare-se para esta pequena jornada de busca de informações a seu respeito e a respeito do mercado.

GUIA A classificação genérica dos cursos universitários

Os cursos universitários podem ser classificados em áreas genéricas, tais como:

Humanas	Exatas	Biológicas e saúde
Administração	Engenharia	Biologia
Comunicações	Estatística	Enfermagem
Contabilidade	Física	Fisioterapia
Direito	Matemática	Medicina
Educação	Química	Nutrição
História		
Letras		
Pedagogia		
Psicologia		
Sociologia		

GUIA — Classificação mais detalhada dos cursos universitários

Os cursos universitários podem ser classificados mais detalhadamente:

Artes
Arquitetura e urbanismo
Artes cênicas
Artes plásticas
Educação artística
Cinema e vídeo
Dança
Decoração
Desenho industrial
Imagem e som
Moda e estilo
Música

Ciências agrárias
Administração rural
Agronomia
Botânica
Engenharia agrícola
Engenharia de pesca
Engenharia florestal
Medicina veterinária
Zootecnia

Ciências humanas
Administração bancária
Administração de empresas
Administração de marketing
Administração de recursos humanos
Administração em comércio exterior
Administração financeira
Administração hospitalar
Administração hoteleira
Administração pública
Arqueologia
Arquivologia
Biblioteconomia
Ciências contábeis
Ciências sociais
Ciência política
Diplomacia
Direito
Economia
Filosofia
História
Jornalismo
Letras
Pedagogia
Produção editorial (Editoração)
Psicologia
Publicidade
Rádio e TV
Relações internacionais
Relações públicas
Serviço social
Turismo

Carreiras militares
Academia militar
Cadetes do exército
Escola naval
Tecnologia em aeronáutica

Ciências biológicas
Biologia
Bioquímica
Ecologia
Educação física
Esporte
Enfermagem
Engenharia genética
Farmácia

Fisioterapia
Fonoaudiologia
Medicina
Musicoterapia
Nutrição
Oceanografia
Odontologia

Ciências exatas
Astronomia
Ciências atuariais
Engenharia aeronáutica
Engenharia cartográfica
Engenharia civil
Engenharia de alimentos
Engenharia de materiais
Engenharia de minas
Engenharia de produção
Engenharia de telecomunicações
Engenharia elétrica
Engenharia mecânica
Engenharia metalúrgica
Engenharia naval
Engenharia química
Engenharia sanitária
Engenharia têxtil
Estatística
Física
Geofísica
Matemática
Meteorologia
Química

Informática
Análise de sistemas
Ciências da computação
Engenharia da computação
Engenharia de sistemas
Processamento de dados

Tecnologia
Fotografia
Tecnologia em artes gráficas
Tecnologia em fruticultura
Tecnologia em horticultura
Tecnologia em hotelaria
Tecnologia em informática
Tecnologia em mecânica
Tecnologia têxtil

Carreiras policiais
Academia de polícia

PARTE II

O autoconhecimento

O conhecimento do caminho

1. Qual é o melhor caminho a seguir?
2. O planejamento da carreira
3. Os estágios da carreira

O autoconhecimento

4. Qual é a sua inteligência predominante?
5. Quais são as suas preferências vocacionais?
6. Quais são os seus traços de personalidade?
7. Afinal, qual é o seu perfil pessoal?

O caminho das pedras

8. E agora, qual será a sua carreira?
9. Como escolher a sua universidade?

A visão do futuro

10. E as perspectivas de futuro?

Dizia Sócrates, o filósofo grego que viveu entre 470 a.C. e 399 a.C.: "Conhece-te a ti mesmo". Quem não se conhece suficientemente bem, jamais poderá conhecer o mundo em que vivemos. Para ele, a condição humana requer que cada pessoa tenha um profundo conhecimento de si própria para poder, então, conhecer os outros e o mundo real que a cerca. Sócrates acreditava que todo conhecimento está oculto dentro de cada pessoa e propunha um método ao qual denominava maiêutica: cada pessoa deve buscar em si própria os segredos da vida. Para tanto, o indivíduo deve buscar o autoconhecimento como ponto de partida para o conhecimento do mundo exterior. Passados tantos séculos desde a contribuição socrática, o ser humano e o mundo real ainda continuam basicamente os mesmos, apesar de todas as mudanças e transformações ocorridas nesse enorme lapso de tempo. O conhecimento externo deve vir depois do conhecimento interior.

Não temos pretensões socráticas de ir a fundo na questão, mas apenas tentar desvendar alguns aspectos importantes para que você possa conhecer melhor sua bagagem pessoal em termos de tipo de inteligência, preferências vocacionais e alguns traços básicos de personalidade. Assim, esta parte será constituída de quatro capítulos:

4. Qual é a sua inteligência predominante?
5. Quais são as suas preferências vocacionais?
6. Quais são os seus traços de personalidade?
7. Afinal, qual é o seu perfil pessoal?

Esta parte é dedicada ao seu autoconhecimento, ao modo como você pode obter informações a respeito de suas características pessoais mais importantes. A razão disso? É simples. Você precisa saber com o que pode contar em si mesmo para a escolha da futura profissão. Em outras palavras, você precisa conhecer antecipadamente quais são as suas aptidões, interesses e características básicas de personalidade para ter uma ideia de como pôr tudo isso para funcionar da melhor maneira possível em uma determinada carreira ou profissão. Falando mais claramente: você precisa conhecer a si próprio para encontrar uma carreira ou profissão que mais se ajuste e adapte-se às suas características pessoais. É lá onde você pode sair-se melhor ao aplicar tudo aquilo que você tem de atual ou potencial. A adequação pessoa *versus* profissão deve começar pelo autoconhecimento.

4 Qual é a sua inteligência predominante?

Cada pessoa é dotada de uma bagagem genética única e exclusiva, que a torna mais esperta, mais forte, mais ágil, mais articulada ou mais sociável. É o que chamaremos de aptidões ou habilidades, que indicam o que cada pessoa tem como potencial para utilizar em uma determinada situação ou experiência. Dentre elas, inicialmente nos ocuparemos da chamada habilidade mental, ou seja, da inteligência. As pessoas variam enormemente quanto à sua inteligência em termos de intensidade, características e tipos.

Para você conhecer melhor as suas potencialidades, é necessário saber qual é o seu tipo predominante de inteligência. Em termos genéricos, inteligência significa a capacidade mental de raciocinar, planejar, resolver problemas, abstrair ideias, compreender ideias e linguagens e, sobretudo, aprender. A capacidade de aprender novas coisas e adaptar-se a situações novas e diferentes constitui uma das facetas da inteligência. O conceito popular proporciona uma ideia maior da inteligência, mas seu conceito em Psicologia é mais estrito e não envolve criatividade, personalidade, caráter ou sabedoria.

» O QUE É INTELIGÊNCIA?

Na verdade, o conceito de inteligência é um constructo, ou seja, uma construção teórica e abstrata. Existem duas correntes na definição de inteligência, a saber[1]:

A. O consenso da Associação Americana de Psicologia, obtido por meio do relatório *Intelligence: knowns and unknowns*, de 1995, que define: "Os indivíduos diferem entre si na habilidade de entender ideias complexas, de se adaptar com eficácia ao ambiente, de aprender com a experiência, de se engajar nas várias formas de raciocínio, de superar obstáculos mediante o pensamento. Embora tais diferenças individuais possam ser substanciais, nunca são completamente consistentes: o desempenho intelectual de uma pessoa varia em ocasiões distintas, em domínios distintos e com critérios distintos. Os conceitos de 'inteligência' são tentativas de aclarar e organizar este conjunto complexo de fenômenos".

B. O consenso de 52 pesquisadores, obtido por meio do relatório *Mainstream Science on Intelligence,* de 1994, define a inteligência como "uma capacidade mental bastante geral que, entre outras coisas, envolve a habilidade de raciocinar, planejar, resolver problemas, pensar de forma abstrata, compreender ideias complexas, aprender rápido e com a experiência. Não é uma mera aprendizagem literária, uma habilidade estritamente acadêmica ou um talento para sair-se bem em provas. Ao contrário disso, o conceito se refere a uma capacidade mais ampla e mais profunda de compreensão do mundo à sua volta – como 'pegar no ar', 'pegar' o sentido das coisas ou 'perceber' situações".

---

1 Disponível em: http://pt.wikipedia.org/wiki/Intelig%C3%Aancia.

Apesar das várias definições e correntes, a abordagem preferida (e que mais provocou pesquisas e estudos) é aquela que estuda a inteligência de maneira restrita, por meio de testes psicológicos. Os testes de inteligência baseiam-se no fator genérico (ou fator G), que veremos adiante.

» QUAL É O SEU QI?

Quociente de inteligência (QI) é a relação percentual entre a idade mental dividida pela idade cronológica da pessoa. A idade mental é avaliada por meio de testes desenvolvidos para avaliar as capacidades cognitivas – isto é, inteligência – de uma pessoa em comparação com o seu grupo etário. A classificação do QI é a seguinte:

Acima de 127:	Superdotação
120 - 127:	Inteligência superior
110 - 120:	Inteligência acima da média
90 - 110:	Inteligência média
80 - 90:	Embotamento ligeiro
65 - 80:	Limítrofe
50 - 65:	Debilidade ligeira
35 - 50:	Debilidade moderada
20 - 35:	Debilidade severa
Abaixo de 20:	Imbecilidade

Porém não se preocupe. Não queremos medir o seu QI, mas simplesmente avaliar o tipo de inteligência que predomina em você.

(Procure sempre um profissional ou centro de orientação vocacional.)

Teoria fatorial de Thurstone

Quanto mais inteligente, maior é a facilidade de aprendizagem, de aquisição de conhecimentos, de habilidades e de construção de competências. A inteligência é uma poderosa facilitadora da aprendizagem. Contudo, estamos falando da inteligência geral, que é a capacidade global de adaptação do comportamento humano ao ambiente que o circunda. Na verdade, além da inteligência geral, coexistem vários tipos diferentes de inteligência, como se a envolvessem. Uma das teorias psicológicas mais antigas – a teoria pioneira formulada por Thurstone[2] – salienta que existem sete tipos de inteligência, a saber:

1. **Fator G** (*general intelligence*). Refere-se à inteligência geral, habitualmente denominada QI (quociente de inteligência, quociente intelectual). O QI é uma razão entre a idade mental da pessoa e a sua idade física multiplicada por cem. As carreiras que exigem nível universitário requerem um QI relativamente elevado, muito embora pessoas cujo QI é razoavelmente baixo consigam concluir cursos com incrível esforço pessoal e com baixíssimo rendimento. O fator G se refere à inteligência geral da pessoa; e, quanto maior, mais facilidade para lidar com os demais fatores de inteligência.
2. **Fator W** (*words fluency*). Refere-se à habilidade de fluência verbal ou facilidade de expressão verbal. Leva em conta a capacidade de se expressar fluentemente por meio da comunicação oral ou escrita. Quase todas as carreiras de nível uni-

[2] THURSTONE, L. L. *The nature of intelligence*. London: Routledge, 1973 (1st ed, 1924). Ver também, do mesmo autor: *Primary mental abilities*. Chicago: University of Chicago Press, 1938; e *Multiple-factor analysis*. Chicago: University of Chicago Press, 1947. E, em coautoria: THURSTONE, L. L.; THURSTONE, T. G. *Factorial studies of intelligence*. Chicago: University of Chicago Press, 1941.

versitário exigem razoável dose do fator W. Em um mundo globalizado, o conhecimento de outras línguas está se tornando indispensável. O fator W é exigido em certas carreiras como: Administração, Direito, Economia, Comércio Exterior, Letras, Política, Psicologia, Turismo, Oratória, Artes Cênicas, Publicidade e Propaganda etc.

3. **Fator V** (*verbal aptitude*). Refere-se à inteligência verbal ou facilidade de lidar com palavras. Configura a aptidão de construir ou utilizar palavras como forma de expressão e criação verbal. O fator V é requerido em: Jornalismo, Redação, Comunicação, Publicidade e Propaganda, Artes Cênicas, Direito, Administração, Letras, Diplomacia, Fonoaudiologia etc. Enquanto o fator W lida com fluência verbal, o fator V lida com uso criativo e aplicação da palavra e da linguagem.

4. **Fator S** (*space aptitude*). Refere-se à inteligência espacial ou facilidade de lidar com conceitos espaciais e geométricos. Lida com formas, distâncias, configurações, proporções. O fator S é requerido em: Arquitetura e Urbanismo, Geometria, Artes Plásticas, Fotografia, Mecânica, Artes Gráficas, Moda e Estilo, Desenho Industrial, Geografia, Oceanografia, Cartografia, Construção, Geologia, Astronomia, Astrologia, Esportes, Decoração, Editoração, Odontologia etc.

5. **Fator R** (*raciocine aptitude*). Refere-se ao raciocínio abstrato e conceitual, ou facilidade de lidar com ideias e conceitos. Lida com abstrações, conceitos, hipóteses, ilações, sínteses e análises. O fator R é requerido em: Matemática, Filosofia, Lógica, Engenharia, Análise de Sistemas, Computação, Informática, Estatística, Física, Química, Direito etc.

6. **Fator P** (*perceptive aptitude*). Refere-se à percepção de detalhes ou facilidade de lidar com detalhes burocráticos e atenção concentrada no trabalho. Lida com a capacidade de focalizar detalhes, analogias e diferenças. Recebe o nome de aptidão burocrática pelo fato de ser exigido em atividades rotineiras de

comparação, avaliação e controle na maioria dos escritórios. O fator P é requerido em: Análise de Sistemas, Ciências Contábeis, Auditoria, Desenho, Artes Plásticas, Farmácia, Cartografia, Engenharia Elétrica, Projeto, Editoração etc.

7. **Fator N** (*numerical aptitude*). Refere-se ao raciocínio numérico ou facilidade em lidar com números e cálculos. Lida basicamente com números e operações de soma, redução, multiplicação, divisão, bem como seus derivados em termos de raiz quadrada, exponenciação etc. O fator N é requerido em: Engenharia, Matemática, Física, Química, Estatística, Ciências Atuariais, Ciências Contábeis, Administração Financeira, Projetos, Biblioteconomia etc.

Para cada tipo de inteligência, Thurstone organizou um teste específico – o teste de habilidades primárias – para poder medi-la no comportamento das pessoas e comparar os resultados com a média obtida nas pesquisas em amostras representativas. Segundo ele, cada pessoa combina diferentes doses desses vários tipos de inteligência. Uma pessoa pode ter um forte grau de inteligência

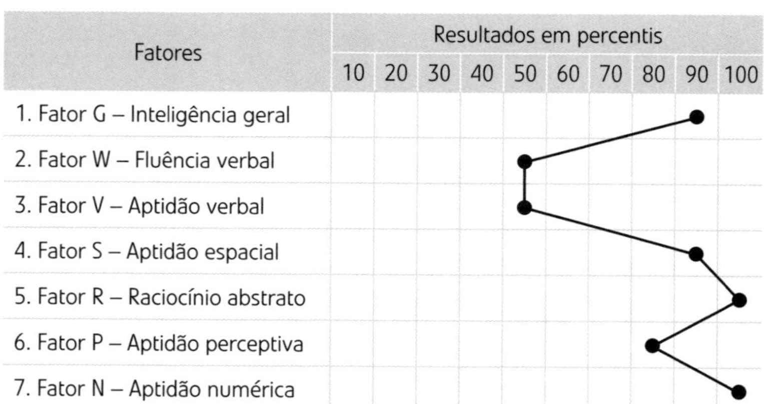

Figura 4.1 Folha de resultados dos testes de habilidades primárias.

verbal e um baixo grau de raciocínio numérico, o que significa ter muita habilidade e facilidade de comunicação e pouca habilidade para fazer cálculos numéricos. Outra pessoa pode ter um forte grau de inteligência abstrata e nenhuma habilidade em

DICAS Como medir as aptidões das pessoas?

As teorias a respeito das aptidões (inteligências específicas) são várias. Cada teoria utiliza uma bateria de testes (uma combinação de vários testes psicológicos para medir cada fator, habilidade ou característica pessoal) própria. Dentro de uma abordagem diferente da de Thurstone, King construiu a chamada série de aptidões fatoriais. Para cada fator (inteligência específica), King elaborou um ou mais testes para a sua medição, conforme o Quadro 4.1.

Quadro 4.1 Os fatores e testes da série de aptidões fatoriais.

Fatores	Testes
1. Compreensão	1. Assuntos típicos de escritório 2. Assuntos típicos de vendas 3. Assuntos científicos 4. Assuntos típicos de mecânica 5. Compreensão de ordens e instruções
2. Raciocínio	1. Julgamentos sobre situações 2. Definição de diferenças
3. Números	1. Cálculos numéricos
4. Percepção	1. Percepção de detalhes 2. Precisão em comparações visuais
5. Fluência verbal	1. Fluência verbal
6. Memória	1. Memória
7. Relações espaciais	1. Definição de dimensões 2. Desdobramento em partes 3. Montagem de blocos
8. Coordenação	1. Coordenação motora 2. Destreza manual

» QUAL É O SEU TIPO DE INTELIGÊNCIA PREDOMINANTE?

Coloque a seguir, em ordem decrescente de importância (da maior importância para a menor), os tipos de inteligência descritos anteriormente que você acredita possuir:

1. ______________________________
2. ______________________________
3. ______________________________
4. ______________________________
5. ______________________________
6. ______________________________
7. ______________________________

(Procure um profissional ou um centro de orientação vocacional.)

expressão verbal. Cada pessoa é diferente quanto ao seu perfil de inteligências. Tanto em qualidade como em quantidade. As diferenças individuais, nesse campo, são enormes. Por esta razão, as empresas aplicam uma bateria de testes nos candidatos a emprego, para saber qual é o perfil de aptidões ou de inteligências específicas que eles oferecem, a fim de escolher os mais adequados às suas necessidades e exigências.

Analisando suas habilidades

Além das aptidões, deve-se levar em conta como elas podem ser aplicadas. As diferentes ocupações e profissões requerem diferentes habilidades, capacidades, talentos e destrezas das pessoas para realizar adequadamente o seu trabalho. Em geral, essas habilidades, capacidades e talentos estão relacionados com o tipo de matéria-prima que a pessoa deve manipular ou operar no seu trabalho. Todas as ocupações e profissões exigem que a pessoa lide com um ou mais tipos de matérias-primas básicas: como coisas, dados, ideias e pessoas (Quadro 4.2). Em outras palavras, são com estas matérias-primas que as aptidões trabalham[3].

Quadro 4.2 As matérias-primas básicas com que a pessoa se envolve no trabalho.

Matéria-prima básica	Envolvimento da pessoa
Coisas	A pessoa trabalha com atividades envolvendo coisas e objetos concretos, como: mover, manipular, operar máquinas, ajustar, montar, desenhar, construir, limpar, inspecionar, arquivar, armazenar, dirigir, pilotar etc.
Dados	A pessoa trabalha com atividades envolvendo dados e informações: comprar, coligir, copiar, checar, compilar, organizar, sumarizar, digitar, classificar, datilografar, escrever, armazenar, programar, observar etc.
Pessoas	A pessoa trabalha com atividades envolvendo pessoas: aconselhar, assessorar, ensinar, liderar, gerenciar, persuadir, entrevistar, consultar, criticar, comunicar, encorajar, vender, negociar, falar em público, supervisionar, ouvir, ajudar os outros etc.
Ideias	A pessoa trabalha com atividades envolvendo ideias: criar, criticar, publicar, pensar, argumentar, compreender, decidir, planejar, interpretar, definir, estabelecer objetivos, imaginar, inventar, sintetizar etc.

[3] BOLLES, R. *What color is your parachute?* Berkeley: Ten Speed Press, 1976, p. 73. Ver também: US Department of Labor, Employment Service. *Handbook for analysing jobs*. Washington, DC: Training and Development Administration, US Government Office, 1972.

Na verdade, cada carreira impõe diferentes doses de matérias-primas básicas, e não apenas uma delas. Um advogado ou um engenheiro lida com pessoas, ideias, dados e coisas em diferentes proporções, havendo a predominância de alguma das matérias-primas básicas.

» AUTOAVALIAÇÃO

Faça uma autoavaliação. Com qual das matérias-primas anteriormente mencionadas você mais gosta de lidar ou trabalhar? Assinale em ordem decrescente (1, para a mais importante, até 4, para menos importante):

Coisas: ____________________

Dados: ____________________

Pessoas: ____________________

Ideias: ____________________

(Procure um profissional ou centro de orientação vocacional.)

Analisando suas habilidades

Mais recentemente, Howard Gardner[4], do Centro para Tecnologia na Educação de Nova York, desenvolveu uma teoria das múltiplas inteligências para facilitar o trabalho de orientação profissional. A teoria pressupõe que as pessoas podem ter sete diferentes tipos de inteligência, cada uma delas determinando certas habilidades específicas. O importante é que cada pessoa saiba exa-

---

[4] GARDNER, H. *Frames of mind*: the theory of multiple intelligences. New York: Basic Books, 1993, p. 83.

tamente qual é o seu tipo de inteligência ou qual predomina em seu comportamento, para seguir sua carreira profissional nessa direção. Quando a pessoa decide pela área com a qual se identifica, ou aquela em que se dá melhor, ela tem muito mais possibilidades de sucesso profissional e de satisfação pessoal. O alinhamento da carreira profissional com o tipo predominante de inteligência permite as seguintes vantagens para a pessoa:

1. Facilidade no aprendizado.
2. Rapidez no aprendizado.
3. Adequação de suas habilidades pessoais à carreira que escolheu.
4. Facilidade nas atividades típicas da carreira escolhida.
5. Rapidez nas atividades típicas da carreira escolhida.
6. Maior satisfação pessoal na condução da carreira escolhida.
7. Maior sucesso na carreira escolhida.

Para Gardner, os sete tipos de inteligência são[5]:

1. **Lógico-matemática.** Apresenta facilidade para pensar lógica, indutiva, ou mesmo dedutivamente, reconhecer padrões geométricos ou numéricos, lidar com números, elementos matemáticos, padrões lógicos, ou facilidade de raciocínio numérico e lógico. É a habilidade de ordenar fatos, relacionar causas e efeitos, distinguir quantidades. Envolve todas as ciências exatas. A predominância desse tipo de inteligência conduziria ao matemático, estatístico, físico, engenheiro, médico, filósofo, técnico de informática, analista de sistemas ou programador. Albert Einstein é o exemplo clássico desse tipo de inteligência.

---

[5] GARDNER, H.; HATCH, T. *Multiple intelligences*. New York: Center for Educational Technology, 1990. Ver também: *Seven types of intelligence*. Outras informações estão disponíveis em: http://www.howardgardner.com.

2. **Verbal ou linguística.** Refere-se à habilidade quanto à aquisição, formação e processamento da linguagem. Facilidade para lidar com palavras e línguas, escritas ou faladas, de maneira simbólica ou abstrata. É também denominada inteligência comunicativo-linguística, cuja habilidade é a de expressar-se ou manter uma comunicação ativa, independentemente de falar a mesma língua. Também é a habilidade de escrever, ouvir e falar, explorando as diversas maneiras pelas quais a linguagem pode ser utilizada, como metáforas, anagramas, analogias, padrões rítmicos etc. Ou, ainda, a facilidade de memorizar textos. A predominância desse tipo de inteligência conduziria ao escritor, orador, intérprete, comunicador, poeta, ator, advogado, professor, jornalista, locutor, vendedor, tradutor, poliglota ou crítico literário. Guimarães Rosa e Jorge Amado são exemplos.

3. **Musical.** Obviamente é a facilidade para lidar com sons, ritmos e harmonia, para criar ou interpretar música. É a facilidade para distinguir e organizar sons de maneira criativa, distinguir nuances de tons, melodias, sequências, memorizar sons, como fazem os compositores, regentes e cantores. A predominância deste tipo de inteligência conduziria ao músico compositor, orquestrador, instrumentista, intérprete, cantor, arranjador ou crítico musical. Mozart e Beethoven são expoentes.

4. **Espacial.** Facilidade para perceber imagens e lidar com conceitos espaciais e geométricos. É a capacidade de lidar com noções de espaço e de direção, de girar mentalmente os objetos no espaço para adivinhar formas ocultas ou rearranjar coisas e espaços, perceber e interpretar o ambiente ao redor. Proporciona a visão de perspectiva, de proporção, de espaço tridimensional e a facilidade em lidar com mapas. A predominância desse tipo de inteligência conduziria ao arquiteto, urbanista, astrônomo, astrólogo, escultor, pintor, cartógrafo, geógrafo, meteorologista, decorador, editorador, fotógrafo, desenhista ou projetista. Um exemplo está em Oscar Niemeyer.

5. **Corporal-cinestésica.** Facilidade para lidar com o próprio corpo e manifestar-se por meio de expressão e movimentos corporais. É típica das pessoas que apresentam um controle harmonioso de seus músculos e movimentos físicos, notadamente os de precisão, e gostam de se expressar com gestos. A predominância deste tipo de inteligência conduziria ao ator, atleta, jogador de futebol ou basquete, esportista, dançarino, ator, mímico, fisioterapeuta, educador físico, relojoeiro, lapidador. Pelé e Michael Jordan são exemplos.

6. **Interpessoal.** Facilidade para compreender os outros e comunicar-se com eles, propiciando relacionamentos e processos grupais. Envolve empatia e facilidade para lidar com pessoas e com relações sociais. Envolve a capacidade de examinar e entender os sentimentos das demais pessoas, bem como de se relacionar com os outros de maneira positiva e obter cooperação e sinergia dos demais. A predominância desse tipo de inteligência conduziria ao professor, educador, líder, chefe, psicólogo, médico, administrador, sociólogo, psicanalista ou terapeuta. Silvio Santos é um exemplo.

7. **Intrapessoal.** Facilidade para lidar com os próprios sentimentos e os seus próprios pensamentos, bem como com atividades introspectivas e de ideação. Envolve a capacidade de examinar e entender os próprios sentimentos. Em geral, são pessoas que se isolam dos outros e desenvolvem sentimentos intuitivos. A predominância desse tipo de inteligência conduziria ao pensador, filósofo, engenheiro de sistemas, engenheiro de informática, romancista ou poeta. Sócrates e Platão são referências.

Posteriormente, Gardner incluiu mais dois tipos de inteligência, a saber[6]:

---

6 GARDNER, H. *Multiple intelligences*: the theory in practice – a reader. New York: Basic Books, 1993. Ver também, do mesmo autor, *Intelligence reframed:* multiple intelligences for the 21st century. New York: Basic Books, 1999.

Quadro 4.3 – As múltiplas inteligências.

Inteligência	Habilidades	Componentes essenciais
1. Lógico-matemática	Matemático, cientista, engenheiro, estatístico	Sensibilidade e capacidade para discernir padrões lógicos ou numéricos. Capacidade para lidar com longas cadeias de raciocínio.
2. Verbal	Escritor, poeta, jornalista	Sensibilidade aos sons, ritmos e significados das palavras. Sensibilidade a diferentes funções da língua.
3. Musical	Músico, compositor	Habilidade para produzir sons e apreciar melodia, ritmo, intensidade e timbre. Gosto pelas formas de expressão musical.
4. Espacial	Navegador, escultor, geógrafo, cartógrafo	Capacidade para perceber o mundo visual e espacialmente.
5. Corporal-cinestésica	Atleta, dançarino, ator, modelo	Habilidade para controlar movimentos do corpo e para lidar com objetos.
6. Interpessoal	Orador, vendedor, terapeuta, comunicador	Capacidade para discernir e responder adequadamente a humores, temperamentos e desejos de outras pessoas.
7. Intrapessoal	Psicólogo, administrador, filósofo, pensador	Avaliação dos próprios sentimentos e habilidade de avaliar as próprias forças e fraquezas.

I) Pictográfica. É a habilidade de transmitir mensagens por meio de desenhos, figuras, imagens ou a facilidade de memorizar cenas e lugares. A predominância deste tipo de inteligência conduziria aos desenhistas, escultores, *designers* e publicitários, *experts* em propaganda. Leonardo da Vinci e Pablo Picasso são referências.

II) Naturalista ou existencialista. É a sensibilidade quanto à natureza e ao meio ambiente. Significa a capacidade de entender o meio natural e identificar como as coisas acontecem na natureza. A predominância conduz a profissões como paisagistas, ecologistas, biólogos. Charles Darwin e Burle Marx são referências.

Cada carreira exige um conjunto de tipos de inteligência em proporções diferentes e desiguais. O Quadro 4.4 dá uma ideia mais clara a respeito das múltiplas inteligências.

Nos próximos capítulos, vamos nos basear na abordagem de Gardner e Hatch. A inteligência indica o tipo de aptidão que a pessoa potencialmente possui. Tal aptidão precisa ser desenvolvida por meio do exercício, do treinamento ou da atividade para transformar-se em habilidade real, isto é, em capacidade efetiva. Enquanto as aptidões são inatas, as capacidades são adquiridas e aprendidas por meio da experiência, do treinamento ou da prática.

Quanto mais intensa uma aptidão, menor tempo e esforço de aprendizagem serão requeridos para transformá-la em uma capa-

Quadro 4.4 As diferenças entre aptidão e capacidade da pessoa[7].

Aptidão	Capacidade
• Predisposição natural para determinada atividade ou tarefa.	• É a habilidade adquirida para realizar determinada atividade ou tarefa.
• Existe sem exercício prévio, sem treino ou aprendizado.	• Surge depois do treinamento ou do exercício.
• É avaliada por meio de comparações com outras pessoas.	• É avaliada pelo rendimento no trabalho ou na tarefa executada.
• Permite prognosticar o futuro da pessoa na sua atividade profissional.	• Permite diagnosticar o presente, pois refere-se à habilidade atual da pessoa.
• Transforma-se em capacidade por meio de exercício ou treinamento.	• É o resultado da aptidão depois de exercitada ou treinada.
• É o estado latente e potencial do comportamento.	• É o estado atual e real do comportamento.

7 Chiavenato, I. Recursos humanos. Rio de Janeiro: Elsevier, 2009.

» FACILIDADE E PREFERÊNCIA DE MÃOS JUNTAS

Em resumo, inteligência significa a propensão natural e espontânea de uma pessoa, aquilo que a pessoa pode aprender ou fazer com mais facilidade e habilidade. Nem sempre aquilo que a pessoa tem mais facilidade para fazer é aquilo de que ela realmente gosta de fazer. Ter facilidade em fazer alguma coisa é diferente de gostar de fazer aquela coisa. Habilidade e prazer nem sempre andam de mãos juntas. Assim, além da inteligência, torna-se necessário conhecer as preferências de cada pessoa. As preferências definem aquilo que a pessoa gosta de fazer e que lhe dão prazer. É o que veremos no próximo capítulo.

cidade. Pelo contrário, uma aptidão frágil requer um tempo extremamente prolongado de esforço, prática e aprendizagem para tentar transformá-la em capacidade. Se uma pessoa não possuir uma determinada aptidão e quiser desenvolver uma capacidade correspondente, ela vai precisar suar muito a camisa para chegar lá.

O tipo de inteligência define a potencialidade de cada pessoa, ou seja, qual a carreira que ela poderá abraçar com sucesso. É importante conhecer qual o tipo de inteligência que predomina, para que a pessoa possa aproveitá-la e alavancá-la por meio da aprendizagem e da experiência prática.

Inteligência emocional

Mais recentemente, Daniel Goleman descreveu a inteligência emocional[8]. Ela se refere à capacidade de cada indivíduo de lidar com suas próprias emoções e apresentar equilíbrio emocional em sua conduta, mesmo em situações de extrema pressão

---

[8] GOLEMAN, D. *Emotional intelligence*. New York: Bantam, 1995.

ou frente a conflitos ou situações difíceis. A inteligência emocional pode ser descrita como:

1. A capacidade de ter consciência dos próprios sentimentos e de saber usá-los de maneira socialmente aceita.
2. Gerenciar o temperamento, os impulsos e as emoções.
3. Ser otimista e solidário com as outras pessoas.
4. Conseguir empatia em relação aos sentimentos dos outros. Ou seja, colocar-se na situação em que as outras pessoas se encontram.

Não basta possuir inteligência ou inteligências sem saber como se comportar emocionalmente bem. A inteligência emocional está fortemente ligada ao controle emocional, à estabilidade quanto ao temperamento, à maneira sociável de se lidar com as pessoas e à forma como cada indivíduo lida com seus próprios sentimentos.

Descobrindo seu perfil de inteligência

E, agora, a pergunta: qual é o tipo de inteligência que predomina em você? Ainda não sabe? Então, está na hora de começar a fazer o seu próprio diagnóstico. Comecemos do mais geral para o específico. Responda à pergunta abaixo:

EXERCÍCIO Quais são as suas inteligências predominantes?

Faça uma análise profunda e criteriosa a respeito de suas principais inteligências. Anote quais são as suas principais inteligências na relação a seguir (matemática – verbal – musical – espacial – corporal – interpessoal – intrapessoal) em ordem decrescente de importância. Poderá até ocorrer empates, mas o importante é você tentar definir claramente o que você tem mais facilidade de aprender e fazer:

1º lugar: ______________________
2º lugar: ______________________
3º lugar: ______________________
4º lugar: ______________________
5º lugar: ______________________
6º lugar: ______________________
7º lugar: ______________________

(Procure um profissional ou um centro de orientação vocacional.)

Neste capítulo, tivemos a oportunidade de discutir e tentar analisar os seus tipos predominantes de inteligência. O objetivo em mente foi conscientizá-lo a respeito de quais são os campos de atividade em que você terá maior facilidade em aprender e atuar com sucesso. Mais adiante, voltaremos a este assunto.

5 Quais são as suas preferências vocacionais?

Lembre-se sempre: você é único e especial. Ninguém é exatamente como você. Você tem uma constelação de características pessoais que é exclusivamente sua e ninguém mais a possui. Somente você. Saiba aproveitar isso da melhor maneira possível. Embora pertençam ao mesmo gênero e espécie, as pessoas se caracterizam pelas suas diferenças individuais. Cada pessoa apresenta seus traços específicos de personalidade, seu teor de inteligências específicas e suas preferências vocacionais. Essa constelação de características pessoais – personalidade, inteligência e interesses – é única e complexa, e identifica cada pessoa. Você precisa saber exatamente onde você se situa e conhecer adequadamente a sua própria constelação pessoal. Isso é importante para você poder definir os rumos de sua vida e quais os caminhos mais indicados para as suas características pessoais.

As preferências vocacionais estão relacionadas com aquilo que cada pessoa gosta de fazer ou tem bastante interesse nos assuntos a elas relacionados. As preferências vocacionais são padrões distintos de gostos e interesses percebidos pela pessoa e são fortemente influenciados pelas suas necessidades e atitudes pessoais, bem como pelas suas experiências bem-sucedidas e que trouxeram certo grau de satisfação pessoal. Em geral, as preferências vocacionais são pesquisadas por meio de questionários ou inventários que recebem o nome de preferências ou interesses vocacionais.

Mais recentemente, Holland[1] pesquisou e localizou cerca de seis preferências vocacionais básicas: realismo, investigação, convencionalismo, espírito empreendedor, artes e relações sociais.

» O CAMPO PSICOLÓGICO

Vemos o mundo não como ele é realmente, mas como nós somos, diz Talmude. Para explicar isso, Kurt Lewin criou a teoria de campo, segundo a qual o comportamento das pessoas é decorrente não de um só fato apenas, mas da totalidade de fatos coexistentes. Esses fatos coexistentes constituem um campo dinâmico, no qual cada parte depende de uma inter-relação com as demais outras partes. Esse campo dinâmico é "o espaço de vida que contém a pessoa e o seu ambiente psicológico"[2]. Assim, o ambiente psicológico (ou ambiente comportamental) é o ambiente tal como é percebido e interpretado pela pessoa. É o ambiente relacionado com as necessidades do indivíduo, no qual objetos, pessoas ou situações adquirem para o indivíduo uma valência, determinando um campo dinâmico de forças psicológicas, a saber:

---

1 HOLLAND, J. L. *Making vocational choices*. Englewood Cliffs: Prentice-Hall, 1985. Ver também, do mesmo autor: *Professional manual for the self-directed search*. Odessa: Psychological Assessment Resources, 1990.

2 LEWIN, K. *A dynamic theory of personality*. New York: McGraw-Hill, 1935. Ver também, do mesmo autor: *Principles of topological psychology*. New York: McGraw-Hill, 1936.

1) *Valência positiva*: quando objetos, pessoas ou situações podem ou prometem satisfazer necessidades presentes. Atraem a pessoa. A atração é a força ou vetor que leva a pessoa para os objetos, as pessoas ou as situações com valência positiva.

2) *Valência negativa*: quando podem ou prometem ocasionar algum dano ou prejuízo. Repelem a pessoa. A repulsa é a força ou vetor que leva a pessoa a se afastar ou evitar objetos, pessoas ou situações com valência negativa. Um vetor tende a produzir locomoção em uma certa direção. Quando dois vetores atuam sobre uma pessoa ao mesmo tempo, a locomoção é uma espécie de resultante de forças. A locomoção produzida pelos vetores pode ser bloqueada por uma barreira, que é algum impedimento, restrição ou obstáculo. De um modo geral, a locomoção pode ser de abordagem ou aproximação (*approach*) ou de fuga ou repulsa (*avoidance*) em relação a um objeto, pessoa ou situação. A barreira não tem valência por si mesma e não exerce nenhuma força: ela oferece resistência sempre que alguma força é exercida sobre ela. Quando a barreira é rígida, ela exige do indivíduo certas tentativas de exploração para ultrapassá-la e, quando não ultrapassável, adquire uma valência negativa. Esteja sempre interessado em descobrir objetos, pessoas ou situações com valências altamente positivas para você.

Cite objetos, pessoas ou situações que possuem valência positiva para você:

____

____

____

____

Cite objetos, pessoas ou situações que possuem valência negativa para você:

____

____

____

____

Uma maneira relativamente fácil de abordar as preferências vocacionais das pessoas é a grade de preferências vocacionais, conforme a Figura 5.1. Nessa grade, de acordo com a direção das flechas, cada situação é diametralmente oposta à outra. Assim, o espírito realístico é o oposto do espírito social, o espírito convencional é a antítese do espírito artístico, o que significa uma certa incompatibilidade de interesses e de orientações pessoais entre os opostos.

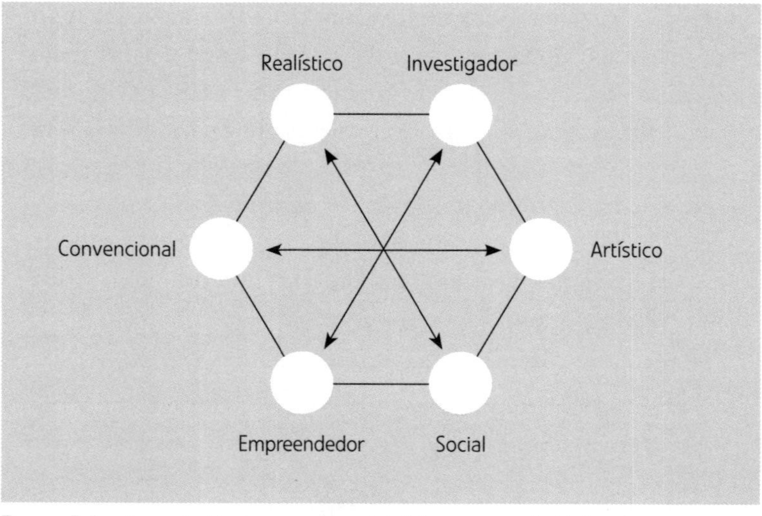

Figura 5.1 As preferências vocacionais básicas, segundo Holland.

DICAS Questionário de preferências de Strong

O questionário de interesses vocacionais de E. K. Strong Jr.[3] é uma das mais conhecidas medidas de interesses e preferências. O autor utilizou uma fórmula masculina e outra feminina. O questionário tem cerca de 400 itens ponderados numericamente e avalia cerca de 39 ocupações e 10 grupos ocupacionais, a saber:

Grupo I
Arquitetos
Artistas
Dentistas
Médicos
Osteopatas
Psicólogos

Grupo II
Engenheiros
Físicos
Matemáticos
Químicos

Grupo III
Gerente de produção

Grupo IV
Agricultor
Carpinteiro
Pintor
Policial
Professor de matemática
Serviço florestal

Grupo V
Diretor
Gerente de pessoal
Ministro religioso
Professor de ciências sociais
Superintendente de escola

Grupo VI
Músicos

Grupo VII
Contabilista geral

Grupo VIII
(detalhes)
Bancário
Comprador
Contador
Escriturário

Grupo IX
(contatos)
Corretor de imóveis
Corretor de seguros
Gerente de vendas
Vendedor

Grupo X
(verbal-linguístico)
Diretor ou gerente
Presidente de empresa

Em geral, as pessoas são dotadas de mais de uma orientação para interesses ou preferências. Há casos em que uma pessoa é realística, convencional e empreendedora, por exemplo, reunindo diferentes doses dessas orientações em uma mistura

3 A respeito do inventário de interesse de Strong Jr., conferir o site: http://www.careernextstep.com/index.aspx.

» AFINAL, DO QUE VOCÊ MAIS GOSTA? O QUE MAIS LHE INTERESSA?

1) Você gosta de viver em contato direto com a natureza ou com o mundo real?

2) Você gosta de pesquisar, investigar, buscar dados e informações, analisar situações?

3) Você gosta de criar, ouvir música ou poesia, ler ou escrever romances, pintar, cantar?

4) Você gosta de conversar, estar com as pessoas, em grupos, em atividades de equipe?

5) Você gosta de construir relações, fazer negócios, abrir seu próprio negócio, arriscar?

6) Você gosta de uma vida pacata, organizada, rotineira, sem grandes mudanças?

Essas são as principais preferências vocacionais que veremos agora.

peculiar e única. O segredo é saber, aproximadamente, qual é a dosagem que cada pessoa apresenta dessas diferentes orientações e qual seria a profissão mais indicada. A preferência indica a atividade de que a pessoa mais gosta de fazer e na qual ela pode realizar-se e aplicar todo o seu potencial individual com plena satisfação pessoal. Quanto mais similares ou compatíveis essas orientações, tanto menos elas provocam conflito interno ou indecisão na pessoa, quando ela escolhe uma determinada profissão. Quando elas se concentram em uma zona, tornam-se mais perceptíveis e fáceis de diagnosticar.

Em que perfil vocacional você se situa?

As preferências vocacionais indicam aquilo que a pessoa gosta de fazer. Aquilo que lhe dá prazer e satisfação. Aquilo que produz interesse e chama sua atenção. Não têm nada a ver com a aptidão ou inteligência específica: aquilo que a pessoa tem condições pessoais de fazer com facilidade, ou seja, suas habilidades pessoais. O ideal seria a pessoa possuir aptidão e preferência vocacional por uma determinada carreira ou profissão. A aptidão lhe forneceria habilidades enquanto a preferência lhe forneceria interesse ou gosto de fazer.

Segundo Holland[4], as preferências vocacionais estão classificadas em seis orientações genéricas, a saber: realístico, investigador, convencional, empreendendor, artístico e social.

Realístico

A pessoa realística é prática e prefere lidar com coisas concretas. Geralmente não gosta de lidar com abstrações ou com pessoas. Tem um espírito inflexível, lógico e austero. Tem interesses voltados para assuntos concretos e mecânicos. O senso realístico está voltado para o mundo real e físico, próximo e imediato, que cerca a pessoa. As pessoas com forte orientação realística preferem trabalhar com coisas que possam ver e tocar. Predomina a habilidade técnica, manual e operacional.

No plano de atividade física, pessoas com senso realístico gostam de artesanato, agricultura, plantas, mecânica, construção, esportes etc. São pessoas atraídas por ocupações que envolvam atividades físicas e requeiram habilidades motoras, força e coordenação muscular.

O senso realístico é indicado para agricultura, natureza, esportes, atividade florestal, aventura, mecânica e carreira militar. Exemplos: Pelé, Oscar, Marechal Rondon.

---

[4] HOLLAND, J. L. *Making vocational choices*. Englewood Cliffs: Prentice-Hall, 1985. Ver também, do mesmo autor: *Professional manual for the self-directed search*. Odessa: Psychological Assessment Resources, 1990.

Os passatempos prediletos dos realistas são: esportes (futebol, voleibol, basquete, pesca, natação, ciclismo, musculação, iatismo), plantas, jogos de computador.

Investigador

A pessoa investigadora tem espírito cientista, orientado para tarefas com missões a alcançar e resultados finais a cumprir. Prefere problemas abstratos, que exijam solução e investigação ao invés de ações. Pensa nos problemas a serem solucionados ou soluções a serem conquistadas. Gosta de enfrentar situações ambíguas a serem definidas e ordenadas. O senso investigador não é muito orientado para lidar com pessoas, pois prefere pesquisa, investigação e resolução de problemas. Predomina a habilidade de resolver problemas e buscar soluções.

São as pessoas investigadoras que são atraídas por carreiras que envolvem atividades cognitivas (pensamento, organização, compreensão) mais do que atividades afetivas (sentimentos, ações ou tarefas interpessoais e emocionais).

O senso investigador é indicado para ciência, matemática, medicina, pesquisa médica e biológica, serviços médicos, biologia, química, laboratório, magistério, atividades policiais forense-investigativas etc. Quase sempre preferem trabalhar em um laboratório ou centro de pesquisas. Exemplos: Thomas Edison, Albert Sabin, Albert Einstein, Madame Curie.

Os passatempos prediletos do senso investigador são: palavras cruzadas, quebra-cabeças, charadas, jogos de computador, experiências, laboratório, investigação, pesquisa etc.

Convencional

A pessoa convencional prefere trabalhos ordenados e definidos, baseados em regras e regulamentos previamente estabelecidos. Gosta de lidar com rotinas e procedimentos já conhecidos. Prefere trabalhar em grandes organizações, dentro de uma hierarquia de comando e seguindo ordens e comandos. Gosta de estabilidade, segurança e, sobretudo, de pouca mudança. É, geralmente, dependente de normas, regras e convenções.

O senso convencional prefere rotina, ordem, arrumação, trabalho burocrático em grandes empresas, trabalho estável e dependência do chefe. A orientação convencional favorece carreiras que envolvam atividades estruturadas, ordenadas, metodizadas, rotineiras e regulamentadas, bem como carreiras nas quais se espera que a pessoa subordine as suas necessidades pessoais às exigências da organização da qual faz parte. No fundo, o senso convencional prefere o comodismo e a zona de conforto das atividades que já estão programadas e que lhe asseguram tranquilidade e segurança quanto ao futuro.

O senso convencional é indicado para serviços de escritório ou atividades regulares e ordenadas, como funcionários, contadores, bancários, militares etc. O exemplo típico dessa alternativa é o cidadão comum. Provavelmente, seja essa alternativa a mais frequentemente encontrada entre as pessoas.

Os passatempos prediletos do senso convencional são: passeios, leitura, música, lazer doméstico etc.

Empreendedor

A pessoa empreendedora gosta de ação, aventura, conquista e risco. Gosta de trabalhar em direção a objetivos ou metas a serem alcançados. Tem facilidade com palavras e prefere vender ideias ou coisas, ou, ainda, liderar pessoas. Tem espírito energético, extrovertido e aventureiro.

O senso empreendedor quase sempre utiliza atividades verbais, por meio das quais procura influenciar as outras pessoas. Não se dá bem com a rotina e com regras e procedimentos previamente estabelecidos. Pessoas com senso empreendedor têm facilidade em comunicação, preferem conduzir e liderar pessoas, vender ideias ou coisas, são energéticos, extrovertidos, aventureiros, assumem riscos, gostam de persuasão e negociação.

Quando extrovertido, o empreendedor prefere atividades sociais, bem como liderar e comandar pessoas. Quando introvertido, o empreendedor prefere ações isoladas para assumir riscos em atividades empreendedoras, como negócios, finanças, investimentos etc.

O senso empreendedor gosta de persuasão, oratória, advocacia, política, finanças, marketing, vendas, negócios e administração, como os gerentes, advogados e executivos de relações públicas. Exemplos: Barão de Mauá, Bill Gates, Michael Dell, Jacques Klein (das Casas Bahia), Silvio Santos.

Os passatempos prediletos do senso empreendedor são: contatos, relações sociais, reuniões de negócios etc.

Artístico

A pessoa artística prefere a autoexpressão criativa de suas ideias, convicções e emoções. Geralmente, é sensitiva, emocional, original, independente e não gosta de situações muito estruturadas ou rotineiras.

As pessoas com pendores artísticos são atraídas pelas carreiras que envolvem autoexpressão, criação artística, expressão das emoções e atividades individualizadas. São sensitivas, emocionais, independentes e originais, não gostam de situações estruturadas.

A orientação artística está sempre presente na música, nas artes, nas letras, nas línguas, na arte dramática, na poesia, na literatura, no teatro, no cinema, na TV.

O senso artístico se encontra em artistas, desenhistas, pintores, escultores, executivos de publicidade e propaganda, músicos, atores, cantores etc. Exemplos: Pablo Picasso, Ludwig van Beethoven, Igor Stravinsky, Pablo Neruda, Guilherme de Almeida, Chico Buarque de Holanda, Caetano Veloso, Vladimir Horowitz, Nureyev.

Os passatempos prediletos do senso artístico são as artes em geral, seja ativamente (pintando, escrevendo, compondo, tocando, interpretando etc.), seja passivamente (assistindo, lendo, ouvindo, olhando etc.).

Social

A pessoa dotada de interesses sociais está orientada para as outras pessoas e para o convívio social. Geralmente, é extrovertida, popular e relacionada com o bem-estar das outras pessoas. Quando introvertida, dedica-se ao bem comum. Gosta de desenvolver, ensinar, ajudar, orientar ou curar os outros. É excelente em situações sociais ou grupais. Predomina a habilidade interpessoal e a facilidade de lidar com pessoas, seja individualmente ou em grupos. Também tem facilidade em relacionar-se socialmente e de trabalhar em equipe.

O senso social está relacionado com o bem-estar dos outros. A pessoa social geralmente gosta de desenvolver relações sociais, ensinar pessoas, cuidar e tratar delas. Quase sempre é excelente em situações de grupo e costuma ser querida pelos amigos.

Quando extrovertida, a pessoa social prefere conviver intensamente com outras pessoas, desenvolve ações comunitárias ou filantrópicas. Quando introvertida, prefere ações sociais que não requeiram a sua presença pessoal.

O senso social é atraído por carreiras que envolvam relacionamentos interpessoais ou grupais, mais do que por atividades intelectuais ou físicas. É o perfil indicado para o ensino, o serviço social, as atividades religiosas, o atletismo, os esportes, a arte doméstica, a psicologia clínica, o treinamento, o serviço médico e social. Exemplos: Papa João XXIII, Betinho, Madre Tereza de Calcutá.

Os passatempos prediletos do senso social são: atividades sociais, reuniões sociais, reuniões de trabalho, aulas, palestras, conferências, convivência social.

EXERCÍCIO Quais são as suas preferências predominantes?

Faça uma análise profunda e criteriosa a respeito de suas principais preferências pessoais. Aquilo que você realmente gosta de fazer. Na relação a seguir, coloque quais são as suas principais preferências (realístico – investigador – convencional – empreendedor – artístico – social) em ordem decrescente de importância. Podem ocorrer empates:

1º lugar: ____________________

2º lugar: ____________________

3º lugar: ____________________

4º lugar: ____________________

5º lugar: ____________________

6º lugar: ____________________

A sala da festa[5]

Faça de conta que você está em uma festa realizada em uma sala com seis lados, como na Figura 5.2. As pessoas com interesses similares ou convergentes se agrupam nos cantos da sala que estão marcados com as letras:

---

[5] MILKOVICH, G. T.; BOUDREAU, J. W. Administração de recursos humanos. São Paulo: Atlas, 2000, p. 293.

- R (realístico)
- I (investigador)
- A (artístico)
- S (social)
- E (empreendedor)
- C (convencional)

Em primeiro lugar, você deve escolher o canto que mais lhe agrada por juntar pessoas do tipo com as quais você gosta de estar.

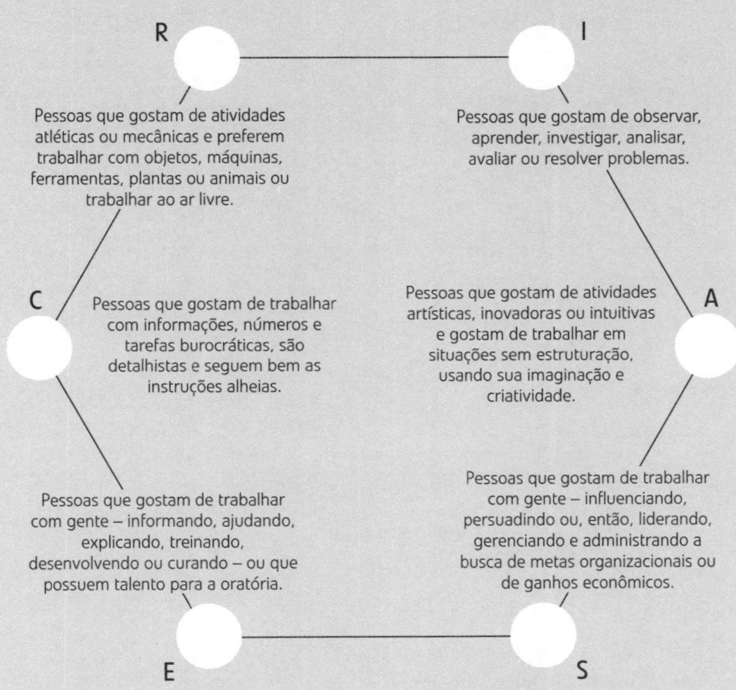

Figura 5.2 Interesses ocupacionais espalhados em uma sala de seis cantos.

EXERCÍCIO:

Escreva em um papel a letra correspondente a esse canto da sala. Imagine que, logo em seguida, todas as pessoas do seu grupo vão embora, menos você. Escolha, então, o segundo grupo em que você mais gostaria de estar. Escreva a letra correspondente a ele ao lado da primeira letra. Novamente, imagine que todos saíram e somente ficou você. Repita o mesmo processo, escolhendo o terceiro grupo e anote sua letra correspondente. Assim, você terá um conjunto de três letras que descrevem as pessoas cujos interesses são convergentes com os seus.

Psicólogos pesquisadores solicitaram a pessoas de diferentes ocupações que fizessem esse exercício e concluíram que as pessoas com determinados interesses vocacionais acabam tendo determinados tipos de ocupação[6]. As escolhas mais comuns na pesquisa foram[7]:

- RIE: é uma escolha muito comum entre engenheiros mecânicos, petroquímicos e de minas, como também entre mecânicos e operadores de máquinas.
- ISA: é a escolha dos médicos, psiquiatras, psicólogos e profissionais paramédicos.
- AES: é a escolha dos publicitários, artistas, manequins e relações públicas.
- SIA: é, preferencialmente, a escolha dos professores universitários, conselheiros educacionais, enfermeiras e assistentes sociais.

---

[6] TRACEY, T.; ROUNDS, J. Evaluating Holland's and Gati's vocational interest models: a structural meta-analysis. *Psychological Bulletin*, v. 113, n. 2, p. 229-46, 1981.

[7] HOLLAND, J. *The ocupational finder*. Palo Alto: Consulting Psychologist Press, 1978.

- **ESC**: é a escolha dos administradores públicos, gerentes de pessoas, advogados trabalhistas e vendedores.
- **CSA**: é a opção mais comum entre secretárias, bibliotecárias e atendentes.

Anote aqui quais foram suas escolhas na sua festa: _____.

Vamos fazer uma nova verificação. Imagine a palavra RIASEC:

- **Realístico** – prático, físico, mão na massa, orientado para tarefas e ferramentas.
- **Investigativo** – analítico, intelectual, científico, explorador.
- **Artístico** – criativo, original, independente, caótico.
- **Social** – cooperativo, apoiador, auxiliador, curador, criador, educador.
- **Empreendedor** – competitivo, líder, persuasivo.
- **Convencional** – orientado para detalhes, organizador, escriturário.

Holland nos dá alguns exemplos[8]:

- **Realístico:** trabalho com as mãos, ferramentas, máquinas e coisas. Espírito prático e inclinado mecanicamente. Áreas preferidas:

---

[8] HOLLAND, J. L. *Making vocational choices*: a theory of vocational personalities and work environments. [s.l.]: Psychological Assessment Resources, 1997. Ver também, do mesmo autor: *Dictionary of Holland occupational codes*. [s.l.]: Psychological Assessment Resources, 1996.

Aeronáutica	Educação exterior	Paramédico
Agricultura	Efeitos visuais	*Personal trainner*
Animação	Engenharia mecânica	Piloto de avião
Arqueologia	Engenheiro	Tecnologia da informação
Arquitetura	Farmácia	Tecnologia instrucional
Artes marciais	Jardineiro	Terapia física
Atletismo	Mecânica de automóveis	Treinador
Bombeiro	Motorista	Veterinária
Chefe de cozinha	Música	
Ciências da computação		

- **Investigador**: trabalha com teoria e informação, é analista, intelectual e científico. Áreas preferidas:

Ciências	Engenharia	Professor (em todos os campos)
Ciências da computação	Farmácia	Psicologia
Cirurgião	Física ou medicina	Psiquiatria
Economia	Matemática	

- **Artístico**: não conformista, original, independente, caótico, criativo. Áreas preferidas:

Artista	Músico	Terapia pela dança
Ator	Pintor	Terapia pela música
Autor, escritor, poeta	Terapia pela arte	

- **Social**: procura ambientes cooperativos, é apoiador, auxiliador, curador, educador. Áreas preferidas:

Aconselhamento	Física	Tecnologia instrucional
Artes marciais	Instrutor de treinamento	Terapia pela arte
Atividades sociais	Psicologia	Terapia pela dança
Educação	Psiquiatria	Teologia
Enfermagem		

- **Empreendedor**: procura ambientes competitivos, posições de liderança, persuasão, venda, dominação, promoção, *status*. Áreas preferidas:

Administração
Administração acadêmica
Banqueiro de investimentos
Comunicações
Consultoria administrativa
Consultoria organizacional
Corretagem de ações
Corretagem de imóveis
Jornalismo
Legislação e Direito
Marketing/propaganda
Negócios (MBA)
Polícia
Política
Publicidade
Relações públicas
Saúde pública
Seguros
Telemarketing
Varejo

- **Convencional**: é preciso e ligado a detalhes, procura ordem e organização. Áreas preferidas:

Administração acadêmica
Administração pública
Atuário
Bancário (em investimentos)
Biblioteconomia
Caixa
Ciências da computação
Ciências da informação
Conferencista
Contabilidade
Editoração
Engenharia
Engenharia elétrica
Escritor técnico
Escriturário
Estatístico
Finanças
Negócios (MBA)
Recepcionista
Secretária
Tecnologia da informação
Tecnologia instrucional
Varejo

EXERCÍCIO **Como reconhecer melhor quais são suas qualidades e seus defeitos?**

Todas as pessoas têm as suas qualidades pessoais (pontos fortes que precisam ser explorados e utilizados) e os seus defeitos (pontos fracos que precisam ser corrigidos, melhorados ou, se não for possível, neutralizados). Por essa razão, as pessoas apresentam diferenças individuais. Para melhor conhecer as suas qualidades e os seus defeitos, você precisa avaliar suas próprias aspirações, necessidades e seus objetivos pessoais.

Procure utilizar os três passos a seguir:

1) Identifique e organize suas habilidades, interesses e preferências. A melhor maneira de fazer isso é analisando os seus resultados escolares. Faça uma lista de todas as disciplinas escolares e suas respectivas notas e mencione quais foram as que mais gostou e as que mais detestou. Relacione também todas as atividades extracurriculares de que você participou (jogos, campeonatos, concursos, equipes de trabalho, esportes etc.) e faça o mesmo. Procure juntar todas essas informações em um ou mais blocos de papel. Quais foram as habilidades que você adquiriu? E em quais outras habilidades você se desenvolveu? Com isso, você está relacionando toda a sua experiência ocupacional. Anote o grau de excelência e o grau de satisfação em cada cadeira ou disciplina escolar. Seja objetivo, imparcial e honesto nessa autoavaliação.

2) Faça uma conversão desse relatório de informações em objetivos específicos e em campos de carreira. Com as informações anteriores, você já tem alguma ideia de suas habilidades e de seus interesses. O que você precisa fazer agora é convertê-las em objetivos pessoais para identificar os possíveis campos de carreira. Ou seja, quais são os campos possíveis para você? Identifique áreas de interesse, nas quais você acha que tem talento, e quais serão os requisitos necessários para você alcançar sucesso aí. Qual será a escolaridade adicional necessária que você terá de conquistar?

3) Teste as possibilidades de carreira em relação às realidades futuras que você irá encontrar. O passo final desse processo de autodefinição é ver o que está acontecendo e o que irá acontecer com a carreira que você está escolhendo. Quais são as perspectivas de futuro? Como anda o mercado

de trabalho nessas áreas? Quais são os aspectos positivos dessas áreas (imagem, *status*, remuneração, desafios, importância, complexidade etc.) e quais são os aspectos negativos (dificuldade de iniciação profissional, investimentos financeiros para iniciar a atividade, baixa remuneração, obsolescência tecnológica e possível desaparecimento da atividade no futuro etc.). É interessante você avaliar todos os prós e contras das carreiras que tenha em vista. Pegue uma folha de papel, faça uma linha vertical no meio e coloque, no lado esquerdo, os aspectos negativos que você vê na carreira e, no lado direito, os seus aspectos positivos, para fazer um balanço objetivo. Pondere e decida. Quanto mais abordagens e focalizações você utilizar, tanto melhor será o seu balanço.

Em resumo, o importante é conhecer exatamente aquilo de que você gosta e o que atrai seu interesse e atenção. Gostar do que você faz é o passo seguro para você também gostar da carreira profissional a ser escolhida. Faça aquilo de que você realmente gosta. Isso lhe trará satisfação, interesse, felicidade e alegrias pela frente.

Neste capítulo, tivemos a oportunidade de discutir e tentar analisar suas preferências vocacionais. O objetivo proposto foi conscientizá-lo a respeito de quais são os campos de atividade que mais o interessam e sobre os quais você possui algum tipo de preferência pessoal. Mais adiante voltaremos a esse assunto.

» UMA ÚLTIMA PINCELADA

A pesquisa Campbell sobre interesses e habilidades[9] é uma abordagem que mede preferências e antipatias pessoais. Utiliza um sistema computadorizado de pontuação e um banco de dados com informações sobre milhares de pessoas pesquisadas, para comparar as respostas de uma pessoa com aquelas de outros indivíduos em diferentes profissões.

A pesquisa envolve preferências/antipatias pelas seguintes ocupações:

- Influenciadores: líderes, oradores, professores.
- Organizadores: supervisores, gerentes, diretores, consultores de empresas.
- Criadores: artes, entretenimento, moda.
- Analistas: matemática, ciências (física, química), estatística.
- Produtores: agricultura, jardinagem, cultura de animais, madeira.
- Aventureiros: esportes, política, aventuras.

Os resultados indicam ocupações em que a pessoa tem grande interesse e grande talento (para que busque essas) ou pouco interesse e pouco talento (para que evite essas), pouco talento e grande interesse (para que invista nessas) e grande talento e pouco interesse (para que explore melhor essas).

---

[9] HANSEN, I.; CAMPBELL, D. P. *Manual for the SVIB-SCII*. Palo Alto: Stanford University Press, 1985. Outras informações, disponíveis em: http://www.ncs.com/cds/ciss.htm. Acesso em: fev. 1996.

6 Quais são os seus traços de personalidade?

Além do tipo de inteligência e das preferências vocacionais, outro aspecto importante para a escolha da carreira é o autoconhecimento dos traços de personalidade predominantes. A personalidade é, geralmente, definida como os elementos distintivos e característicos de uma pessoa, bem como a maneira como esses traços interagem para ajudar ou dificultar o seu ajustamento com o mundo real, com outras pessoas ou situações. A personalidade se refere ao padrão típico de comportamento de uma pessoa frente ao ambiente que a rodeia. Cada pessoa apresenta certos traços de personalidade que a identificam e a personalizam.

Existem muitas teorias a respeito da personalidade e várias abordagens diferentes. Contudo, existe um consenso, entre os psicólogos, de que existem cinco fatores básicos da personalidade, comumente denominados *Big Five*, a saber[1]:

---

1 MOUNT, M.; BARRICK, M. The big five personality dimensions: implications for research and practice in human resources management. *Research in Personnel and Human Resources Management*, n. 13, 1992, p. 153-200. Disponível em: http://sunsite.unc.edu.personality/keirsey.html.

1. *Extrovertido*: sociável, agradável, gregário, caloroso, assertivo, ativo.
2. *Agradável*: cortês, confiável, flexível, franco, emotivo.
3. *Consciente*: cuidadoso, perfeccionista, trabalhador, ambicioso, perseverante.
4. *Neurótico*: ansioso, deprimido, irritadiço, complicado.
5. *Aberto a experiências*: original, imaginativo, criativo, curioso, ousado.

Cada um desses fatores básicos varia de uma pessoa para outra em um *continuum*, que vai desde a ausência até uma concentração muito forte. A avaliação da personalidade pode ser feita por uma variedade de testes. Contudo, para efeito de orientação profissional ou vocacional, os modelos mais frequentes são os inventários ou questionários de personalidade. O questionário de personalidade mais utilizado costuma ser o MMPI (*Minnesota Multiphasic Personality Inventory*), que contém 567 itens[2].

Outro questionário foi desenvolvido a partir da teoria dos tipos de personalidade de Carl Gustav Jung[3] e, posteriormente, ampliado por Katharine Cook Briggs e por sua filha Isabel Briggs Myers, passando a ser intitulado *Myers Briggs Type Indicator* (MBTI)[4]. Trata-se de um inventário de personalidade destinado

---

[2] MINNESOTA *Multiphasic personality inventory-2*. Minneapolis: University of Minnesota Press, 1989. Ver também: Adler, T. Revision brings test into the 21th century. *APA Monitor*, v. 10, n. 11, p. 2, nov. 1989.

[3] JUNG, C. Psychological types. In: ____. *Collected works of C. G. Jung*. v. 6. Princeton: Princeton University Press, 1971. Disponível em: http://www.humanmetrics.com/cgi-win/Jtypes2.asp.

[4] MYERS, I.B. et al. *MBTI manual*: a guide to the development and use of the Myers Briggs Type Indicator. Consulting Psychologists Press, 1998. Ver também: MYERS, I. B. Personal letter to Mary McCaulley: the MBTI qualifying program. The Center for Applications of Psychological Type, 2004. p. 20; e, da mesma autora: *Gifts differing*: understanding personality type. Palo Alto: Davies-Black, 1995.

a identificar as preferências básicas de cada pessoa, com base nas dicotomias implícitas na teoria de Jung[5].

A ideia-chave contida no MBTI é identificar e descrever o tipo de personalidade a partir de elementos, tais como:

1. *O mundo favorito*: se a pessoa prefere focalizar o mundo externo ou seu próprio mundo interno. É a dicotomia entre extroversão (E) e introversão (I). O extrovertido está focalizado no seu ambiente externo, na roda de amigos, nas relações sociais, na natureza, no mundo real que o envolve. O introvertido está focalizado no seu interior, no seu íntimo, nos seus pensamentos e na sua imaginação.

2. *Informação*: se a pessoa prefere focalizar a informação básica que recebe ou se prefere interpretá-la e adicionar algum significado próprio. É a dicotomia entre sensação (S) e intuição (N). A sensitividade está focada na informação que recebe do mundo real e na maneira de processar tal informação com objetividade e precisão. A intuição prefere a maneira de interpretar subjetivamente a informação recebida do mundo real de acordo com seus padrões de pensamento. Um é objetivo e o outro, subjetivo.

3. *Decisões*: quando toma decisões, se a pessoa prefere, primeiro, avaliar a lógica e consistência ou focalizar as pessoas e circunstâncias. É a dicotomia entre pensamento (T) e sentimento (F). O pensamento está focado em tomar decisões baseadas em fatos concretos colhidos do mundo real. O sentimento está focado em tomar decisões baseadas em pessoas e circunstâncias, situações subjetivas e sentimentos próprios.

4. *Estrutura*: ao lidar com o mundo externo, se a pessoa prefere assumir as coisas decididas ou se prefere ficar aberta a novas informações ou opções. É a dicotomia entre julgamento (J) e percepção (P).

---

[5] Disponível em: http://www.myersbriggs.org.

Quando a pessoa decide por preferências em cada uma das categorias anteriores, ela está definindo seu tipo de personalidade no questionário.

Vejamos o que significam tais possibilidades de traços de personalidade[6].

1. Quanto ao mundo favorito: extroversão/introversão

Extroversão e introversão são termos usados por Jung para explicar diferentes atitudes das pessoas para dirigir sua energia; seus significados diferem daquele do uso popular. Não confunda introversão com reclusão ou fechamento. Cada pessoa tem um pouco de extroversão e de introversão.

As pessoas extrovertidas são hetero-orientadas, ou seja, utilizam sua energia no envolvimento ativo com eventos externos e em diferentes atividades. Elas são voltadas para fora e para atividades sociais, tendem a ser mais abertas e gregárias, com interesses voltados para as outras pessoas.

Por outro lado, as pessoas introvertidas são intraorientadas, ou seja, utilizam sua energia para lidar com ideias, memórias e reações que estão dentro de seu mundo interior. São voltadas para si mesmas e para atividades mentais. Preferem trabalhar sozinhas ou com uma ou duas pessoas.

Não se trata de ser aberto ou fechado, mas de como é focalizada a energia. Umas são energizadas pelo mundo externo, outras, pelo seu próprio mundo interno. O foco está aonde a pessoa direciona sua energia.

---

[6] Sobre o assunto, consulte o *site* disponível em: http://en.wikipedia.org/wiki/Myers-Briggs_Type_Indicator. Veja também: CASTRO, A. L. Qual é o seu tipo? *Revista T&D*, São Paulo, jun. 1999, p. 30-5.

Como é a interação com as outras pessoas[7]?

Extroversão (E)	**Introversão (I)**
( ) Direcionado para a energia externa necessária para transformar em ação	( ) Direcionado para a energia interna necessária para focalizar a reflexão
( ) Reatividade em relação ao que ocorre no ambiente	( ) Estabilidade em relação a ideias próprias
( ) Inclinação natural para contatos com pessoas	( ) Tendência natural para pensar e trabalhar sozinho
( ) Gosta de variedade e de ação	( ) Gosta de trabalhar num projeto por longo tempo
( ) Fala de si com facilidade	( ) Não fala muito de si próprio
( ) Ideal para atendimento ao público, palestras, reuniões e trabalhos em equipe	( ) Ideal para fazer relatórios detalhados e trabalhos que exigem isolamento e concentração
( ) É expansivo	( ) É reservado
( ) É uma pessoa do grupo	( ) É reflexivo ou reservado
( ) Sente-se bem em grupo	( ) Sente-se bem sozinho
( ) Gosta de trabalhar com pessoas	( ) Gosta de coisas que pode fazer sozinho
( ) Tem um grande número de amigos	( ) Prefere conhecer bem poucas pessoas
( ) Conhece muita gente	( ) Tem poucos amigos
( ) Em geral, pula de uma atividade para outra	( ) Passa muito tempo com uma só atividade
( ) Não gasta muito tempo para pensar	( ) Dificilmente muda de uma atividade para outra
( ) Ao iniciar um projeto esquece de parar	( ) Esquece de verificar se o que pensa é correto
( ) Deixa claro o que quer fazer e como	( ) Nem sempre suas ideias batem com a realidade
Total: _________	Total: _________

---

7 Consultar o *site*, disponível em: http://en.wikipedia.org/wiki/Myers-Briggs_Type_Indicator.

2. Quanto à informação: sensação/intuição

Referem-se às funções mentais relacionadas com a busca e processamento da informação, ou seja, como a pessoa focaliza a realidade física, como a vê, ouve, toca, sente, cheira e a interpreta.

A sensação (*sensing perception* – S) focaliza os detalhes e a realidade cotidiana, enquanto a intuição (*intuition* – N) focaliza significados, padrões e possibilidades futuras.

Como é a busca de informações?

Sensação (S)	Intuição (N)
( ) Quer conhecer os fatos, materiais e recursos disponíveis	( ) Quer entender o futuro, os significados, as tendências e as possibilidades
( ) Metódico, prático, focaliza detalhes	( ) Focaliza o todo, o conjunto e não se prende a detalhes
( ) Valoriza a própria experiência	( ) Valoriza suas percepções pessoais
( ) Gosta de aplicar metodologias que aprendeu	( ) Gosta de testar novas maneiras de fazer as coisas
( ) Segue um ritmo constante para realizar as coisas	( ) Passa por momentos de pique seguidos de descanso
( ) Confia no que é palpável	( ) Confia em pressentimentos e em suas percepções
( ) Indicado para trabalhos de rotina, detalhe, conferência e verificação	( ) Indicado para atividades de criação, trabalhos não rotineiros, genéricos e sem verificações
( ) Lembra de todos os eventos que aconteceram	( ) Lembra de todos os significados dos eventos
( ) Resolve problemas lidando com fatos até compreender o problema	( ) Resolve problemas comparando diferentes ideias e possibilidades
( ) É pragmático e tem os pés no chão	( ) Gosta de fazer coisas que são novas e diferentes
( ) Começa com fatos até chegar à figura total	( ) Gosta de ver cada figura antes de ver os fatos
( ) Crê mais na experiência que em teorias	( ) Crê em impressões, símbolos e metáforas
( ) Fica grudado nos fatos que perde oportunidades	( ) Pensa mais em novas possibilidades que na realidade atual

3. Quanto às decisões: pensamento/sentimento

Referem-se à maneira pela qual a pessoa toma decisões.

O pensamento (*thinking* – T) escolhe decisões baseadas em princípios e consequências lógicas, enquanto o sentimento (*feeling* – F) escolhe decisões baseadas em valores e consequências para as pessoas. O pensamento focaliza a crença básica ou princípio a ser aplicado a uma determinada situação envolvida. Analisa os prós e os contras e se a situação é consistente e lógica para decidir. Tenta ser impessoal e não deixa que seus interesses individuais ou de outras pessoas influenciem em suas decisões. Pelo contrário, o sentimento acredita que pode tomar decisões ponderando os pontos de vista das pessoas envolvidas na situação. Focaliza mais valores e busca o melhor para as pessoas envolvidas, pois quer manter a harmonia. Em seus relacionamentos é carinhoso, caloroso e polido.

Como é a tomada de decisão?

Pensamento (T)	**Sentimento (F)**
( ) Presta atenção em ideias e pensamentos dos outros	( ) Presta atenção nos valores e sentimentos dos outros
( ) Analisa os prós e contras das situações, de maneira impessoal, objetiva e lógica	( ) Leva em consideração o que é importante para as pessoas do ponto de vista emocional
( ) É habilidoso em analisar e resolver problemas	( ) É habilidoso em construir relacionamentos e ser persuasivo
( ) Firmeza nas decisões	( ) Maleabilidade nas decisões
( ) Franqueza e racionalidade nos contatos	( ) Preocupação com os sentimentos alheios
( ) Indicado para tomar decisões lógicas e racionais	( ) Indicado para lidar com o público e avaliar o que os outros sentem antes de tomar uma decisão

( ) Prefere áreas técnicas e científicas pela sua lógica

( ) Localiza inconsistências com facilidade

( ) Quer explicações lógicas ou soluções para tudo

( ) Toma decisões racionais e é justo

( ) Acredita que a verdade é mais importante

( ) Nem sempre dá valor às pessoas como parte de uma situação

( ) É visto como orientado para o trabalho e para a realidade

( ) É orientado para pessoas ou comunicação

( ) Quer harmonia e fica nervoso quando não há

( ) Focaliza o que é importante para os outros

( ) Toma decisões com o coração e é sensato

( ) Acha que ser polido é melhor que ser duro

( ) Vê ou comunica a parte dura das situações

( ) É visto como idealista, informal, sentimental, descuidado e indiferente

4. Quanto à estrutura: julgamento/percepção

Este quarto par de preferências mostra como a pessoa pretende viver sua vida e que tipos de comportamento costuma adotar. Se ela prefere um estilo de vida mais decidido e estruturado (julgamento) ou um estilo de vida mais adaptável e flexível. Estas preferências significam sua orientação quanto ao mundo externo. No fundo, trata-se da maneira como a pessoa utiliza a informação: julgando e raciocinando sobre ela ou simplesmente percebendo-a.

A pessoa pode utilizar o julgamento (J) por meio da tomada de decisões ou pode utilizar a percepção (P), se prefere um estilo de vida espontâneo e acha melhor adaptar-se ao mundo do que organizá-lo à sua maneira. O julgamento ordena e organiza a informação, e a percepção simplesmente assume a informação. Trata-se da orientação: há pessoas que preferem a atitude de julgar para chegar a conclusões, enquanto outras preferem a atitude de perceber para buscar informação.

Como é a postura frente ao mundo?

Julgamento	**Percepção**
( ) Tem senso de urgência em tomar decisões e resolver pendências ou problemas. Impaciência	( ) Precisa colher o maior volume de informação para tomar uma decisão de maneira segura. Demora na decisão
( ) Somente fica tranquilo depois de tomada a decisão	( ) Não se incomoda em protelar decisões até a última hora
( ) Organização, planejamento e acompanhamento à risca do que foi decidido	( ) Facilidade em mudar na última hora. Improvisa e adapta-se a situações de mudança
( ) Impulsiona coisas ajustadas e decididas	( ) Mantém as coisas abertas a novas informações
( ) Aprecia a eficiência da boa organização	( ) Aprecia a necessidade de espontaneidade e exploração
( ) Indicado para planejamento, cumprimento de prazos e rapidez nas ações	( ) Indicado para atividades mutáveis sem prazo definido ou que exijam pesquisa prévia
( ) Gosta de decidir sobre as coisas que ouve	( ) Gosta de ficar aberto para responder dúvidas
( ) Parece ser orientado para atividades	( ) Parece ser perdido ou casual. Planeja o mínimo
( ) Gosta de listar as coisas a fazer	( ) Gosta de ver o trabalho como diversão
( ) Gosta de fazer o trabalho antes do prazer	( ) Mistura trabalho com prazer
( ) Planeja antes o trabalho para evitar atrasos	( ) Trabalha sempre com muita energia
( ) Focaliza tanto o objetivo que perde a informação	( ) Quase sempre chega ao fim da linha
( ) Julga, mesmo sem ter informação suficiente	( ) Fica tão aberto à informação que deixa de decidir

Onde você se situa?

Cada dicotomia dos quatro elementos básicos constitui uma divisão de dois grupos de interesses mutuamente excludentes. Em cada dicotomia, assinale, na linha do meio, a sigla de sua preferência:

Extroversão (E)	______________	Introversão (I)
Sensação (S)	______________	Intuição (N)
Pensamento (T)	______________	Sentimento (F)
Julgamento (J)	______________	Percepção (P)

Procure sempre a alternativa mais próxima ou aquela que seja a mais indicada para as suas características pessoais. Assim, você poderá se enquadrar em 16 possíveis tipos de personalidade, a saber:

ESTJ	ENTJ	ISTJ	INTJ
ESTP	ENTP	ISTP	INTP
ESFJ	ENFJ	ISFJ	INFJ
ESFP	ENFP	ISFP	INFP

A seguir, você vai encontrar o significado de cada um dos 16 tipos de personalidade, segundo a abordagem do *Myers-Briggs Type Indicator*.

ESTJ

Prático e realista. Decisivo, age prontamente para implementar decisões. Organiza projetos e pessoas para fazer as coisas acontecerem e alcançar resultados da maneira mais eficiente possível. Tem cuidado com detalhes rotineiros. Tem um claro senso de padrões lógicos, sistematicamente seguidos, que também indica aos outros. Procura implementar forçosamente seus planos.

ESTP

Flexível e tolerante, assume uma abordagem pragmática ao focalizar resultados imediatos. Teorias e explicações conceituais o aborrecem. Quer agir energicamente para resolver os problemas. Focaliza o presente, é espontâneo, aprecia cada momento em que pode ser ativo com os outros. Aprecia o conforto material e o estilo de vida. Aprende melhor por meio da ação.

ESFJ

Caloroso, consciencioso e cooperativo. Deseja harmonia em seu ambiente e trabalha com determinação para isso. Gosta de trabalhar com os outros para completar as tarefas acuradamente dentro do tempo. Leal, segue tudo detalhadamente. Explica o que os outros necessitam nas suas vidas cotidianas e tenta promovê-lo. Deseja ser apreciado pelo que é e pelo que contribui.

ESFP

Aberto, amigável e acessível. Amante exuberante da vida, das pessoas e do conforto pessoal. Aprecia trabalhar com os outros e fazer as coisas acontecerem. Mostra senso comum e uma abordagem realista de seu trabalho, e faz o trabalho alegre. Flexível e espontâneo, adapta-se rapidamente a novas pessoas e a novos ambientes. Aprende melhor tentando novas habilidades com outras pessoas.

ENTJ

Franco, decisivo, assume rapidamente a liderança. Percebe prontamente procedimentos e políticas ilógicas e ineficientes, desenvolve e implementa sistemas compreensivos para resolver problemas organizacionais. Aprecia definir objetivos e fazer planejamento de longo prazo. Geralmente é bem informado, gosta de ler, de expandir seu conhecimento e compartilhá-lo com outros. Impõe-se ao apresentar suas ideias.

ENTP

Rápido, engenhoso, alerta, estimulador e falante. Útil na solução de novos e desafiadores problemas. Adepto de gerar possibilidades conceituais e analisá-las estrategicamente. Tem facilidade em interpretar as pessoas. Não gosta de rotina, de fazer as coisas sempre da mesma maneira. Facilidade para mudar de um novo interesse para outro.

ENFJ

Interessado, empático, reativo e responsável. Altamente ligado às emoções, necessidades e motivações dos outros. Busca o potencial em cada pessoa, deseja ajudar os outros a alcançar seu potencial. Pode agir como catalisador para o crescimento individual ou de equipes. Leal, reage a elogios e críticas. Sociável, é facilitador de pessoas nas equipes e proporciona liderança e inspiração.

ENFP

Entusiasticamente interessado e imaginativo. Vê a vida plena de possibilidades. Faz conexões entre eventos e informações de maneira rápida e baseia-se em padrões que vê. Deseja muita informação dos outros e rapidamente proporciona apoio e apreciação. É espontâneo e flexível e, muitas vezes, baseia-se em sua habilidade de improvisar e em sua fluência verbal.

ISTJ

Quieto, sério, ganha sucesso por meio da confiabilidade. Prático, realista e responsável. Decide logicamente o que deve ser feito e trabalha para isso com firmeza, sem se levar pelas distrações. Tem prazer em fazer tudo com ordem e organização – seu trabalho, seu lar e sua vida. Valoriza tradições e lealdade.

ISTP

Tolerante, flexível e observador. Tranquilo até que o problema apareça, para então buscar soluções. Analisa o que faz as coisas funcionarem e rapidamente busca um grande volume de dados para isolar o núcleo de problemas práticos. Interessado nas causas e efeitos. Organiza fatos utilizando princípios lógicos. Valoriza a eficiência.

ISFJ

Quieto, amigável, responsável e consciencioso. Compromissado e firme em cumprir com suas obrigações. Perfeccionista, esmerado e acurado. Leal, considera, explica e lembra aspectos específicos sobre pessoas que são importantes para si. Preocupado com o que as pessoas sentem. Firme em criar um ambiente familiar ou de trabalho com ordem e harmonia.

ISFP

Quieto, amigável, sensitivo e amável. Aprecia o momento presente e o que virá ao seu redor. Gosta de ter seu espaço e trabalhar dentro de seu próprio sentido de tempo. Leal e compromissado com seus valores e com as pessoas que são importantes para si. Detesta conflitos e desentendimentos, não impõe opiniões ou valores aos outros.

INTJ

Possui ideias originais e um grande impulso para implementar suas ideias e alcançar seus objetivos. Vê prontamente padrões nos eventos externos e desenvolve perspectivas explanatórias de longo prazo. Quando compromissado, organiza um trabalho e o leva adiante. É cético e independente, tem elevados padrões de competência e de desempenho – para si e para os outros.

INTP

Busca desenvolver explicações lógicas para tudo o que lhe interessa. É teórico e abstrato, interessado mais em ideias que em interações sociais. Quieto, contido, flexível e adaptativo. Tem uma habilidade fora do comum na profundidade em solução de problemas em sua área de interesse. Cético, muitas vezes crítico, mas sempre analítico.

INFJ

Busca significado e conexão entre ideias, relações e materiais. Deseja compreender o que motiva as pessoas e é muito introspectivo com os outros. Consciencioso e comprometido com os valores de sua empresa. Desenvolve uma visão clara a respeito de como servir melhor aos objetivos comuns. Organizado e decisivo na implementação de sua visão e de seus sonhos.

INFP

Idealista, leal aos seus valores e às pessoas que lhe são importantes. Deseja uma vida externa que seja congruente com seus valores. Curioso, pronto para ver possibilidades, pode ser um catalisador para implementar ideias. Busca compreender as pessoas e ajudá-las a alcançar seu potencial de desenvolvimento. É adaptável, flexível e aceita as coisas, a menos que seus valores sejam ameaçados.

Neste capítulo, tivemos a oportunidade de discutir e tentar analisar alguns dos traços predominantes de sua personalidade. O objetivo foi conscientizá-lo sobre algumas características que você possui e como poderá melhor utilizá-las nos diversos campos de atividade profissional que estão disponíveis no mercado. Mais adiante, voltaremos a este assunto.

Lembre-se: procure sempre um especialista em orientação profissional. Todas estas indicações são superficiais e servem apenas para dar uma ideia da complexidade na definição de suas características pessoais.

7 Afinal, qual é o seu perfil pessoal?

Chegou a hora de juntar os blocos de construção. Se você já tem uma ideia de qual é o seu tipo predominante de inteligência, de quais são as suas preferências básicas e os seus traços característicos de personalidade, está na hora de cruzar todos esses dados e chegar a algumas conclusões a respeito do seu perfil pessoal. Quando se define o perfil pessoal, torna-se mais fácil saber qual é o tipo de profissão mais indicado para você.

Como não estamos lidando com medidas físicas e exatas, mas apenas com características intangíveis e invisíveis, a margem de erro é muito grande e as possibilidades de distorção são ainda maiores. Na verdade, estamos apenas tentando mostrar algumas aproximações. Não se esqueça de que o diagnóstico ou prognóstico mais seguro e profundo deve ser feito com um especialista em orientação profissional ou vocacional, por meio de técnicas mais apuradas e objetivas. A intenção é ajudá-lo a configurar suas possibilidades pessoais com as oportunidades existentes.

Juntando os tipos predominantes de inteligência com as preferências vocacionais

Vamos encaixar o seu tipo predominante de inteligência (visto no Capítulo 4) com as suas preferências vocacionais (vistas no Capítulo 5) para, então, começarmos a verificar resultados mais palpáveis.

Verifique nos exercícios a seguir em qual item você se encaixa, ou seja, qual é o tipo de inteligência predominante, para nele localizar as suas preferências básicas.

Se você tem inteligência do tipo lógico-matemática

A inteligência do tipo lógico-matemática representa a estrutura mental ideal para atividades que envolvam raciocínio lógico, matemático e abstrato. A lógica, o raciocínio dedutivo e a abstração constituem o fundamento essencial desse tipo de inteligência.

EXERCÍCIO Se você tem inteligência lógico-matemática, para onde direcionar a sua carreira?

Se você tem inteligência do tipo lógico-matemática, em função de suas preferências vocacionais, veja quais são as alternativas de carreira mais indicadas para o seu perfil pessoal. Parta da sua inteligência lógico-matemática para o tipo de preferência vocacional que você tem:

Inteligência lógico-matemática →	Realístico →	Engenheiro mecânico, engenheiro químico, químico, farmacêutico, engenheiro de materiais, físico, tecnólogo de artes gráficas
	Investigador →	Pesquisador econômico, bioquímico, engenheiro de pesquisas, laboratorista, auditor, astrônomo, urbanista
	Convencional →	Engenheiro civil, matemático, projetista, contabilista, estatístico, meteorologista, economista, engenheiro elétrico, engenheiro naval, oceanógrafo
	Empreendedor →	Administrador bancário, administrador financeiro, administrador de marketing, economista, tecnólogo em informática
	Artístico →	Arquiteto, decorador, *designer*, desenhista industrial
	Social →	Pesquisador social, atuário, estatístico, professor de matemática

Se você tem inteligência do tipo verbal

A inteligência do tipo verbal representa a estrutura mental ideal para atividades que envolvam expressão verbal, seja oral, escrita ou por qualquer outra forma possível de comunicação humana, enunciação ou transmissão de sinais, símbolos ou significados.

EXERCÍCIO Se você tem inteligência verbal, para onde direcionar a sua carreira?

Se você tem inteligência do tipo verbal, em função de suas preferências vocacionais, veja quais são as alternativas de carreira mais indicadas para o seu perfil pessoal. Parta da sua inteligência verbal para o tipo de preferência vocacional que você tem:

Inteligência verbal	Preferência vocacional	Carreiras
→	Realístico →	Redator, jornalista, vendedor, comprador, intérprete, comunicador
→	Investigador →	Editor, editorador, historiador, revisor, crítico literário
→	Convencional →	Comunicador, relações públicas, tradutor, secretário, porta-voz, orador
→	Empreendedor →	Administrador, educador, advogado, fonoaudiólogo, político
→	Artístico →	Poeta, escritor, romancista, cantor, declamador, ator, redator de arte
→	Social →	Orador, conferencista, apresentador, professor, diplomata, locutor

Se você tem inteligência do tipo musical

A inteligência do tipo musical representa a estrutura mental ideal para atividades que envolvam criação ou expressão musical. A linguagem básica é a música, seja por meio da criação, composição, arranjos, reprodução ou expressão musical.

EXERCÍCIO **Se você tem inteligência musical, para onde direcionar a sua carreira?**

Se você tem inteligência do tipo musical, em função de suas preferências vocacionais, veja quais são as alternativas de carreira mais indicadas para o seu perfil pessoal. Parta da sua inteligência musical para o tipo de preferência vocacional que você tem:

Inteligência musical	→ Realístico →	Instrumentista, intérprete, instrumentador, orquestrador
	→ Investigador →	Pesquisador de folclore, criador, crítico musical
	→ Convencional →	Músico amador, arranjador, cantor, músico profissional
	→ Empreendedor →	Compositor, maestro regente, líder de banda, dono de orquestra
	→ Artístico →	Instrumentista, solista, vocalista, cantor, roqueiro, dançarino
	→ Social →	Instrumentista, recitalista, artista

Se você tem inteligência do tipo espacial

A inteligência do tipo espacial representa a estrutura mental ideal para atividades que envolvam noções de espaço, localização espacial, geometria, percepção abstrata e espacial. O espaço é a realidade externa que é simbolizada por gráficos, expressões, modelos, mapas, diagramas, desenhos etc.

EXERCÍCIO **Se você tem inteligência espacial, para onde direcionar a sua carreira?**

Se você tem inteligência do tipo espacial, em função de suas preferências vocacionais, veja quais são as alternativas de carreira mais indicadas para o seu perfil pessoal. Parta da sua inteligência espacial para o tipo de preferência vocacional que você tem:

Inteligência espacial →	Realístico →	Engenheiro cartógrafo, tecnólogo de artes gráficas, engenheiro mecânico, físico, tecnólogo mecânico, piloto de avião, piloto naval, motorista, atirador
	Investigador →	Astrônomo, agrimensor, botânico, editorador, modelador, *designer*
	Convencional →	Engenheiro civil, agrônomo, engenheiro naval, geógrafo, oftalmologista, desenhista projetista, projetista de produtos
	Empreendedor →	Arquiteto, decorador, *designer* de moda, tecnólogo de informática, publicitário de anúncios, editor de jornal, de revista
	Artístico →	Arquiteto, modelista, pintor, fotógrafo, escultor, desenhista, artista plástico, dentista, tecnólogo têxtil
	Social →	Professor de geometria e desenho, urbanista, arquiteto, pintor

Se você tem inteligência do tipo corporal-cinestésica

O tipo de inteligência corporal-cinestésica representa a estrutura mental ideal para atividades esportivas, atividades artísticas, de expressão corporal ou que se relacionem com movimentos corporais ou tratamento do corpo humano. A cinestesia está relacionada com movimentos e expressão por meio de ações musculares ou corporais.

EXERCÍCIO **Se você tem inteligência corporal-cinestésica, para onde direcionar a sua carreira?**

Se você tem inteligência do tipo corporal-cinestésica, em função de suas preferências vocacionais, veja quais são as alternativas de carreira mais indicadas para o seu perfil pessoal. Parta da sua inteligência corporal-cinestésica para o tipo de preferência vocacional que você tem:

Inteligência corporal-cinestésica →	Realístico →	Esportista, escalador, esquiador, mergulhador, médico ortopedista, enfermeiro
	Investigador →	Fisioterapeuta, criador de moda, *designer*, médico cirurgião
	Convencional →	Educador físico, jogador de futebol ou basquete, corredor, nadador, ciclista
	Empreendedor →	Educador físico, diretor de produção de TV, diretor de cinema, modelista, diretor de teatro
	Artístico →	Escultor, pintor, fotógrafo, dançarino, ator de teatro e TV, cirurgião plástico
	Social →	Apresentador de programas de TV, artista de teatro, TV ou cinema, cantor

Se você tem inteligência do tipo interpessoal

A inteligência do tipo interpessoal representa a estrutura mental ideal para atividades que envolvam contato e relacionamento com pessoas e grupos, interações e atividades sociais, administrativas, religiosas, filantrópicas etc.

EXERCÍCIO Se você tem inteligência interpessoal, para onde direcionar a sua carreira?

Se você tem inteligência do tipo interpessoal, em função de suas preferências vocacionais, veja quais são as alternativas de carreira mais indicadas para o seu perfil pessoal. Parta da sua inteligência interpessoal para o tipo de preferência vocacional que você tem:

Inteligência	Preferência vocacional	Carreiras
Inteligência interpessoal →	Realístico →	Médico clínico geral, guia turístico, fisioterapeuta, supervisor, gerente, chefe de equipe
	Investigador →	Pesquisador social, historiador, sociólogo, antropólogo, cientista social, psicólogo, economista, psicanalista
	Convencional →	Vendedor, comprador, estatístico, linguista, líder de equipe, balconista
	Empreendedor →	Administrador, diretor de empresa, diretor de cinema, teatro ou TV, jornalista
	Artístico →	Teatrólogo, fotógrafo, diretor de cinema, diretor de peça teatral, produtor de filmes
	Social →	Orador, relações públicas, comunicador, educador, psicólogo, pedagogo, advogado, publicitário, político

» EXERCÍCIO: EM QUAL DAS SITUAÇÕES VOCÊ SE SITUA?

Assinale, a seguir, onde você se situa:

Meus tipos predominantes de inteligência são (coloque o primeiro e o segundo):

1. ____________________

Minha preferência pessoal: ____________________

Alternativas de carreira mais indicadas: ____________________

____

2. ____________________

Minha preferência pessoal: ____________________

Alternativas de carreira mais indicadas: ____________________

____

Assim, conseguimos juntar tipos de inteligência com preferências pessoais na configuração de ocupações mais adequadas a esses dois tipos de características que você possui.

E os traços de personalidade ?

Agora que você já tem uma indicação sobre seus tipos predominantes de inteligência e interesses profissionais, e as ocupações mais indicadas para suas características pessoais, vamos envolver também os seus traços de personalidade. Remontemos ao Capítulo 6.

No Capítulo 6, vimos a descrição do tipo de personalidade a partir de quatro elementos básicos:

1. *O mundo favorito*: se a pessoa prefere focalizar o mundo externo ou o seu próprio mundo interior. É a dicotomia entre extroversão (E) e introversão (I).
2. *Informação*: se a pessoa prefere focalizar a informação básica que recebe ou se prefere interpretá-la e adicionar algum significado próprio. É a dicotomia entre sensação (S) e intuição (N).
3. *Decisões*: quando toma decisões, se a pessoa prefere, primeiro, avaliar a lógica e consistência ou focalizar as pessoas e circunstâncias. É a dicotomia entre pensamento (T) e sentimento (F).
4. *Estrutura*: ao lidar com o mundo externo, se a pessoa prefere assumir as coisas decididas ou se prefere ficar aberta a novas informações ou opções. É a dicotomia entre julgamento (J) e percepção (P).

Onde você se situa?

Coloque, a seguir, onde você se situa:

Extroversão (E)	________________	Introversão (I)
Sensação (S)	________________	Intuição (N)
Pensamento (T)	________________	Sentimento (F)
Julgamento (J)	________________	Percepção (P)

Agora que você já sabe algo sobre seu perfil de inteligência e seu perfil de interesses, acrescente a seguir a descrição de seu perfil de personalidade.

EXERCÍCIO

Faça um breve retrospecto do seu perfil pessoal. Afinal, você precisa se conhecer melhor. Defina com suas próprias palavras o seu perfil pessoal, envolvendo seu tipo de inteligência, seus interesses básicos e seus traços de personalidade. Sucesso nesta empreitada!

Com os elementos supracitados, você já está pronto para definir seu perfil pessoal em termos de tipo predominante de inteligência, preferências pessoais e traços de personalidade.

Agora, você já pode ter uma ideia superficial de seu perfil pessoal. Está na hora de avaliar o que você pode fazer com ele. Trate-o como uma riqueza potencial que você vai investir em um empreendimento futuro: a profissão que você vai escolher. Vamos, então, abordar os caminhos possíveis para isso.

PARTE III
O caminho das pedras

O conhecimento do caminho

1. Qual é o melhor caminho a seguir?
2. O planejamento da carreira
3. Os estágios da carreira

O autoconhecimento

4. Qual é a sua inteligência predominante?
5. Quais são as suas preferências vocacionais?
6. Quais são os seus traços de personalidade?
7. Afinal, qual é o seu perfil pessoal?

O caminho das pedras

8. E agora, qual será a sua carreira?
9. Como escolher a sua universidade?

A visão do futuro

10. E as perspectivas de futuro?

A partir do momento em que você tem um razoável autoconhecimento e sabe qual é o seu tipo de inteligência predominante, quais são suas preferências vocacionais, seus traços mais marcantes de personalidade – ou seja, qual é o seu perfil pessoal –, torna-se necessário saber o que fazer com toda essa incrível bagagem que você possui. O autoconhecimento vem antes. Agora se torna importante saber o que você vai fazer com o potencial de que dispõe. Trata-se de projetar para a vida profissional todo esse arsenal de aspectos, inatos e adquiridos, que você conquistou ao longo de sua vida, e fazer o melhor proveito dele. Assim, está na hora de falarmos sobre qual é o melhor caminho para você percorrer em termos profissionais.

Esta terceira parte é formada por dois capítulos:

Com o autoconhecimento debaixo do braço, agora podemos pensar na jornada. O que fazer com ele? Transformá-lo em decisão quanto ao futuro para saber qual é a carreira ou profissão mais indicada em função de seu perfil pessoal.

Agora você já tem uma ideia superficial de quais são os tipos de inteligência de que você dispõe e em que volume eles se situam; de quais são seus interesses vocacionais mais importantes; e de quais são seus traços básicos de personalidade. Você tem o autoconhecimento de um mix de características próprias: facilidade (aptidões e inteligências), interesse (preferências vocacionais) e disposição (traços básicos de personalidade). O passo seguinte é transformar esse autoconhecimento em um projeto vitorioso de futuro profissional.

Lembre-se de uma coisa importante: você é exatamente do tamanho de seus sonhos. Se os seus sonhos são pequenos, medíocres, rasteiros e sem sentido, você terá a mesma dimensão deles. Se os seus sonhos são grandiosos, ambiciosos e elevados, você certamente chegará lá. Tudo é uma questão de perspectiva, de força de vontade, determinação, concentração, perspicácia, iniciativa própria. E tudo começa com um sonho, uma visão de futuro, um alvo almejado na vida. Está na hora de você construir um sonho.

8 E agora, qual será a sua carreira?

A partir do seu autoconhecimento e do conhecimento das alternativas de ocupações e carreiras existentes no mercado, o próximo passo é saber como reunir todos esses dados, analisá-los em profundidade e tomar a decisão correta sobre o seu futuro. Toda decisão se baseia em dados e em fatos. Sem isso, a decisão será vazia e isenta de sentido. Está na hora de definir qual será o seu caminho daqui para a frente. O caminho das pedras. O ideal é o perfeito casamento entre aquilo de que você gosta (preferências) e que tem facilidade de fazer (aptidões e inteligência) com o que você pretende fazer. O caminho das pedras não é fácil, mas, se você conseguir adequar perfeitamente suas preferências e aptidões com a escolha da carreira, estará construindo seu caminho dos astros e terá muito mais chances de sucesso.

Lembrando seus tipos de inteligência

Vimos, no Capítulo 4, a abordagem de Howard Gardner sobre as múltiplas inteligências, a saber:

1. *Lógico-matemática*: capacidade para discernir padrões lógicos ou numéricos, capacidade para lidar com longas cadeias de raciocínio. Ex.: matemáticos, cientistas, engenheiros, estatísticos.

2. *Verbal*: capacidade de lidar com sons, ritmos e significados das palavras. Capacidade com relação a diferentes funções da língua. Ex.: escritor, poeta, jornalista.

3. *Musical*: habilidade para produzir sons e apreciar melodia, ritmo, intensidade e timbre. Gosto pelas formas de expressão musical. Ex.: músico, compositor, arranjador, cantor.

4. *Espacial*: capacidade para perceber o mundo do ângulo visual e espacial. Ex.: navegador, escultor, geógrafo, cartógrafo, mapeador.

5. *Corporal-cinestésica*: habilidade para controlar movimentos do corpo e para lidar com objetos. Ex.: atleta, dançarino, ator, modelo.

6. *Interpessoal*: capacidade para discernir e responder adequadamente a humores, temperamentos e desejos de outras pes-

» CARREIRA DUAL

Você já pensou em uma carreira dual? Carreira dual significa a escolha simultânea de duas profissões diferentes, mas tendo elas alguma relação entre si. Por exemplo, tentar uma carreira de biólogo juntamente com uma carreira de pesquisador ou de artista plástico e decorador. Ambas proporcionam uma forte interação entre si e o que você aprende em uma pode aproveitar na outra. Além disso, você passaria a ter duas vezes mais possibilidades no mercado do que se escolhesse apenas uma delas. Analise as circunstâncias e pense nisso. Lembre-se de que a maior parte do sucesso pode estar nas áreas limítrofes das ciências, e não no seu epicentro. Quem, há muitos anos, pensaria em engenharia genética, biotecnologia ou nanotecnologia?

soas. Facilidade de contato social. Ex.: orador, vendedor, terapeuta, comunicador.

7. *Intrapessoal*: avaliação dos próprios sentimentos e habilidade para avaliar as próprias forças e fraquezas. Ex.: psicólogo, filósofo, pensador.

Quadro 8.1 As múltiplas inteligências.

Inteligência	Habilidades	Componentes essenciais
1. Lógico-matemática	Matemático, cientista, engenheiro, estatístico	1. Sensibilidade e capacidade para discernir padrões lógicos ou numéricos. Capacidade para lidar com longas cadeias de raciocínio.
2. Verbal	Escritor, poeta, jornalista	2. Sensibilidade aos sons, ritmos e significados das palavras. Sensibilidade a diferentes funções da língua.
3. Musical	Músico, compositor	3. Habilidade para produzir sons e apreciar melodia, ritmo, intensidade e timbre. Gosto pelas formas de expressão musical.
4. Espacial	Navegador, escultor, geógrafo, cartógrafo	4. Capacidade para perceber o mundo visual e espacialmente.
5. Corporal-cinestésica	Atleta, dançarino, ator, modelo	5. Habilidade para controlar movimentos do corpo e para lidar com objetos.
6. Interpessoal	Orador, vendedor, terapeuta, comunicador	6. Capacidade para discernir e responder adequadamente a humores, temperamentos e desejos de outras pessoas.
7. Intrapessoal	Psicólogo, administrador, filósofo, pensador	7. Avaliação dos próprios sentimentos e habilidade para avaliar as próprias forças e fraquezas.

Você já se identificou quanto às suas inteligências predominantes? Se não o fez, volte para o Capítulo 4.

Lembrando suas preferências vocacionais

Vimos, no Capítulo 5, a abordagem de John Holland que se baseia no fato de os traços de personalidade de uma pessoa (juntamente com seus valores pessoais, motivos e aspirações) determinarem a escolha da carreira. Assim, uma pessoa com forte orientação social será mais atraída para carreiras que envolvem atividades interpessoais e trabalho social do que para atividades intelectuais ou físicas. O Teste de Preferência Vocacional, de Holland, define seis tipos ou orientações de personalidade, como já vimos, a saber[1]:

1. *Orientação realista*: são pessoas atraídas por ocupações que envolvem atividades físicas e que requerem habilidades, força e coordenação. Exemplos: esportistas em geral, agricultores, fazendeiros, mecânicos.
2. *Orientação investigativa*: pessoas pesquisadoras são atraídas por carreiras que envolvem atividades cognitivas (pensar, organizar, compreender) mais do que atividades afetivas (sentimento, ação, tarefas interpessoais ou emocionais). Exemplos: biólogos, químicos, pesquisa e desenvolvimento, magistério, inventores, decifradores de charadas e problemas, busca de soluções.
3. *Orientação social*: são pessoas atraídas para carreiras que envolvem atividades interpessoais mais do que atividades intelectuais ou físicas. Exemplos: contatos com pessoas, psicólogos, serviços, filantropia, vendedores, corretores.
4. *Orientação convencional*: favorece as carreiras que envolvem atividades estruturadas, regulamentadas e organizadas, bem como carreiras nas quais se espera que a pessoa esteja su-

---

[1] Holland J. *Making vocational choices*: a theory of careers. Upper Saddle River: Prentice Hall, 1973.

bordinada às necessidades da organização em que trabalha. Exemplo: contadores e bancários, entretenimento, jogos, palavras cruzadas.

5. *Orientação empreendedora*: utilizam atividades verbais para influenciar outras pessoas. São pessoas empreendedoras e que fazem a cabeça dos outros. Exemplos: empresários, empreendedores, criadores de negócios, advogados, relações públicas.

6. *Orientação artística*: são pessoas atraídas para carreiras que envolvem autoexpressão, atividades artísticas, criação, expressão de emoções e individualísticas. Exemplos: artistas, executivos de propaganda, músicos, escritores, poetas, romancistas, críticos de arte.

Muitas pessoas têm mais de uma orientação vocacional e podem ser sociais, realistas e investigativas ao mesmo tempo. Quando isso ocorre, deve-se buscar a orientação mais similar e compatível e que possa ocasionar menos conflitos internos possíveis ou indecisões na escolha.

Você já se identificou com relação às suas preferências vocacionais? Se não, volte para o Capítulo 5.

Lembrando seus traços de personalidade

No Capítulo 6, abordamos uma maneira de identificar e descrever o seu tipo de personalidade a partir de quatro elementos básicos:

1. *O mundo favorito*: se a pessoa prefere focalizar o mundo externo ou o seu próprio mundo interior. É a dicotomia entre extroversão (E) e introversão (I). O extrovertido está focalizado no seu ambiente externo, na roda de amigos, nas relações sociais, na natureza, no mundo real que o envolve. O introver-

Quadro 8.2 Ocupações relacionadas com cada preferência ocupacional.

Realista	Investigativa	Artística	Social	Empreendedora	Convencional
Agronegócio	Biologia	Propaganda	Vendedor	Agronegócio	Contabilidade
Carpinteiro	Química	Professor de artes	Orientador	Vendedor	Vendedor
Eletricista	Engenharia	Artista	Economista	Professor de administração	Bancário
Engenharia	Geologia	Locutor	Saúde mental	Construção	Gerente de crédito
Fazendeiro	Matemática	Professor de línguas	Ministros religiosos	Câmara de comércio	Bibliotecário
Guarda florestal	Medicina	Decorador	Educação física	Corretor de seguros	Gerente de restaurante
Patrulha rodoviária	Física	Música	Administração escolar	Comprador	Professor de matemática
Horticultura	Psicologia	Fotografia	Professor de ciências sociais	Gerente de restaurante	Militar
Oficiais militares	P & D*	Reportagem	Serviço social	Gerente de loja	Secretariado
Jardinagem	Sociologia	Ator	Balconista	Empreendedor	Burocrata
Urbanismo	Pesquisa de mercado	Pintor	Atendente	Investidor	Auxiliar de escritório

Fonte: extraído de Hansen e Campbell (1985).
* Pesquisa e desenvolvimento.

tido está focalizado no seu interior, no seu íntimo, nos seus pensamentos e na imaginação. Um está sintonizado com o mundo exterior e o outro, com o mundo interior.

2. *Informação*: se a pessoa prefere focalizar a informação básica que recebe ou se prefere interpretá-la e adicionar algum significado próprio. É a dicotomia entre sensação (S) e intuição (N). A sensação está focada na informação que recebe do mundo real e na maneira de processar tal informação com objetividade e precisão. A intuição prefere a maneira de interpretar subjetivamente a informação recebida do mundo real de acordo com seus padrões de pensamento. Um é objetivo e o outro, subjetivo.

3. *Decisões*: quando toma decisões, se a pessoa prefere primeiro avaliar a lógica e consistência ou focalizar as pessoas e circunstâncias. É a dicotomia entre pensamento (T) e sentimento (F). O pensamento está focado em tomar decisões baseadas em fatos concretos colhidos do mundo real. O sentimento está focado em tomar decisões baseadas em pessoas e circunstâncias, situações subjetivas e sentimentos próprios.

4. *Estrutura*: ao lidar com o mundo externo, se a pessoa prefere assumir as coisas decididas ou ficar aberta a novas informações ou opções. É a dicotomia entre julgamento (J) e percepção (P).

Em função desses quatro elementos básicos, o seu tipo de personalidade pode ser:

Extroversão (E)	________________	Introversão (I)
Sensação (S)	________________	Intuição (N)
Pensamento (T)	________________	Sentimento (F)
Julgamento (J)	________________	Percepção (P)

Você já se identificou quanto ao seu tipo de personalidade? Se não, retorne ao Capítulo 6.

Diagnóstico

Por que estamos insistindo em lembrar seus tipos predominantes de inteligência, suas preferências vocacionais e seus traços de personalidade? Por uma razão muito simples. Você não pode se esquecer dessas informações, as quais são tão importantes para você quanto o seu tipo sanguíneo, por exemplo. Elas são fundamentais para você orientar e reorientar constantemente a sua vida pessoal e profissional. Lembre-se de que o mundo ao seu redor está mudando continuamente e com velocidade cada vez maior. Com tanta mudança pela frente, você precisa saber como navegar nesse mundo dinâmico e mutável. Certamente, você terá de fazer mudanças de rumo e direção. Todo planejamento de carreira precisa ser suficientemente flexível e moldável para acomodar mudanças. Você tem variáveis independentes a considerar – seus tipos predominantes de inteligência, suas preferências vocacionais e seus traços de personalidade – e variáveis dependentes – como a carreira profissional mais indicada para conter e resolver da melhor maneira possível as variáveis independentes. Pense nisso.

Até agora nos dedicamos ao diagnóstico. Daqui para frente, passaremos à prescrição e à implementação da prescrição. Fácil. Falamos em descobrir, localizar, avaliar seu perfil pessoal. Agora, em função dele, passaremos a avaliar o que você poderá fazer com ele. Como utilizá-lo da melhor maneira possível. A prescrição representa a busca da melhor carreira ou ocupação para os seus dotes pessoais, aquela(s) que seja(m) mais próximas de suas características pessoais.

EXERCÍCIO O autoconhecimento é importante[2]

Um estudante de faculdade tem pela frente, aproximadamente, 40.000 oportunidades de carreira dentre as quais escolher. É algo fenomenal. Mas deve saber escolher aquela que deverá conquistar no futuro. Se você ainda não se encontrou nos exercícios anteriores, Tom Jackson sugere cinco passos para essa escolha crucial. Procure um local tranquilo e peça para não ser interrompido.

Este exercício deverá ser individual. Reserve pelo menos uma hora para ele.

1. Elabore uma lista de 25 coisas que você gosta de fazer, mesmo que algumas lhe pareçam insignificantes ou mesmo sem sentido. Descubra seus interesses. Você pode gostar de praticar esportes, de trabalhar com oficina mecânica, ler livros, caçar, cozinhar, ouvir música etc. Tente colocá-las em ordem crescente de interesse para você.

2. Elabore outra lista com 25 coisas em que você produz bons resultados. Aquelas coisas que você faz bem e recebe parabéns dos outros. Você pode tocar bem piano, costurar, desenhar, cantar, nadar etc. Identifique os seus potenciais. São as suas habilidades. Tente colocá-las em ordem crescente.

3. Selecione, das duas listas anteriores, as cinco primeiras melhores coisas: o que você gosta de fazer e o que você consegue fazer bem. Com elas, faça uma grade com categorias horizontais (o que você gosta mais de fazer) e verticais

---

[2] Jackson, T. *Guerrilla tactics in the job market.* New York: Bantam Books, 1978. Sobre planejamento de carreira, ver: Bolles, R. N. *What color is your parachute?* Berkeley: Teem Speed, 1977.

(o que você faz muito bem), resultando em 25 categorias diferentes. Delas, escolha as 10 mais importantes para você. É nelas que você deve concentrar a sua atenção.

4. Utilize 10 folhas de papel separadas e nelas escreva três ou quatro empregos que poderiam enquadrar-se em cada uma das 10 categorias escolhidas. Se você gosta de plantas dentro de casa e sabe cultivá-las muito bem, os empregos a considerar no futuro seriam: possuir uma loja de plantas, tornar-se um horticultor, cursar e fazer carreira em botânica ou engenharia agrícola.

5. A seguir, faça uma graduação de cada emprego (A, B, C). Dê A para o máximo de satisfação e C para o mínimo de satisfação. Depois, categorize cada um em termos de praticabilidade, probabilidade de você encontrar tal posição no mercado de trabalho, educação adicional que talvez seja necessária e considerações financeiras de ganho. A partir daí, pergunte-se se está disposto a assumir as ações necessárias para alcançar tal emprego. Se a resposta for negativa, elimine-o de consideração. Verifique o que é mais importante para você: o que gostaria de fazer ou o que lhe traria mais dinheiro? Você quer retorno em termos de sucesso íntimo ou sucesso financeiro?

6. Que estilo de vida você pretende ter no futuro? Imagine-se daqui a dez anos na profissão escolhida. Qual seria a sua situação? Este exercício deverá proporcionar uma lista de possíveis carreiras para o seu futuro. Reveja o exercício depois de alguns dias, para poder confirmar se as carreiras apontadas são realmente importantes para você.

A escolha da carreira

Com todos os elementos reunidos a respeito de seu perfil pessoal – seu autoconhecimento –, o passo seguinte após o diagnóstico é a prescrição. Ou seja, o que fazer com o seu diagnóstico pessoal. A Figura 8.3 dá uma ideia disso.

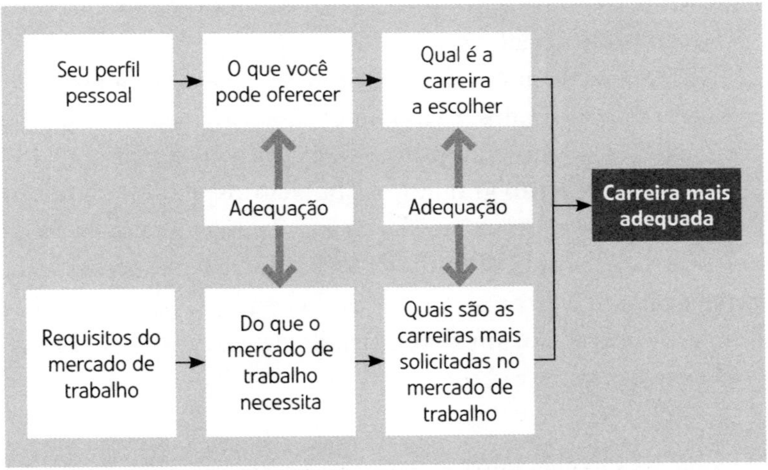

Figura 8.1 A escolha da carreira como uma adequação a vários fatores internos e externos.

O seu perfil pessoal vai definir o tipo de carreira mais adequada para você, mas você também precisa levar em conta o mundo lá fora, o que acontece no mercado de trabalho. Muitas vezes, a escolha profissional pode ser perfeitamente adequada ao perfil pessoal de uma pessoa, mas não encontrar guarida no mercado de trabalho. Uma profissão pode ser boa para as características pessoais e não valer muita coisa no mercado ou estar em franca decadência ou com seu ciclo de vida no fim. É preciso encontrar uma profissão que leve a um futuro promissor e que atenda não apenas ao seu perfil pessoal.

Agora você já tem uma ideia superficial de quais são os tipos de inteligência de que você dispõe e em que volume eles se situam, de quais são seus interesses vocacionais mais importantes e seus traços básicos de personalidade. Você tem o autoconhecimento de um mix de características próprias: facilidade (aptidões e inteligências), interesse (preferências vocacionais) e disposição (traços básicos de personalidade). O passo seguinte é transformar esse autoconhecimento em um projeto vitorioso de futuro profissional.

Lembre-se de uma coisa importante: você é exatamente do tamanho de seus sonhos. Se os seus sonhos são pequenos, medíocres, rasteiros e sem sentido, você terá a mesma dimensão deles. Se os seus sonhos são grandiosos, ambiciosos (no bom sentido) e elevados, você certamente chegará lá. Tudo é uma questão de perspectiva, de força de vontade, determinação, concentração, perspicácia, iniciativa própria. E tudo começa com um sonho, uma visão de futuro, um alvo almejado na vida. Está na hora de você construir um sonho.

» AJUDANDO A BUSCAR UMA CARREIRA OU OCUPAÇÃO PROFISSIONAL

Falamos de carreira, planejamento de carreira e outros assuntos relacionados ao seu futuro profissional. Quanto mais informações você tiver em mão, tanto mais adequada será a sua escolha. Se você ainda não se decidiu, é importante saber que existem vários meios para você se informar melhor sobre as alternativas de carreira à sua disposição. Busque os seguintes meios:

1. Faça a sua própria pesquisa do mercado de trabalho: provavelmente a maneira mais direta de localizar e descobrir a sua futura profissão é você mesmo pesquisar organizações, empresas, negócios, empreendimentos.

2. Faça contatos pessoais: entre em contato pessoal com profissionais relacionados com áreas de seu interesse pessoal, converse com profissionais bem-sucedidos na área em que você pensa em concentrar seu futuro.

3. Aconselhamento: busque aconselhamento e troque ideias com seus pais, parentes, amigos e conhecidos.

4. Orientação vocacional ou profissional: a melhor alternativa é procurar um profissional ou alguma organização que lhe proporcione orientação profissional por meio de especialistas no assunto.

5. Faça pesquisa na internet: entre em contato com *sites* relacionados a carreira, planejamento de carreira, orientação profissional ou vocacional e busque informações a respeito.

9 Como escolher a sua universidade?

Agora que você escolheu seu objetivo e qual será o seu caminho para o futuro, resta escolher quem o levará até lá. Em outras palavras, falta escolher o veículo para transportá-lo ao futuro: a sua universidade. Se você mora em uma pequena cidade e pretende continuar morando nela, as suas opções são restritas à universidade mais próxima. Contudo, se você mora em uma grande capital, as alternativas de escolhas são várias. E você precisa saber escolher bem a sua universidade. Nela você passará alguns anos de sua vida. E dela você sairá para a sua vida profissional. É muito importante que você saiba escolher a universidade que lhe fornecerá a preparação intelectual necessária para sua carreira. Existe uma multiplicidade de opções à sua frente, razão pela qual você deverá escolher cuidadosamente qual será o caminho a seguir.

A escolha da universidade mais adequada

Uma vez escolhida a profissão ou carreira, você precisa escolher a universidade em que vai estudar e preparar-se para ela.

Ela será o primeiro passo de um longo caminho para o seu sucesso profissional.

A escolha de uma universidade depende de inúmeros fatores que você deve levar em consideração. É como se você estivesse escolhendo um terno para comprar: você precisa saber qual é o tamanho, a marca, a cor, a qualidade do tecido, o acabamento, o caimento, o preço, a entrega e as condições de pagamento. A escolha da universidade também deve levar em conta um conjunto de inúmeros fatores. Deverá ganhar aquela que apresente o máximo valor no conjunto dos fatores avaliados, a saber:

1. O primeiro deles é qual curso quer fazer e onde é oferecido. Alguns cursos são bastante populares, como Administração, Direito, Economia etc., e facilmente encontrados na maioria dos estados brasileiros. Contudo, existem alguns cursos universitários raros, como Oceanografia, Engenharia Sanitária, Agrimensura, Meteorologia etc., que são oferecidos apenas em algumas poucas cidades do país.

Assim, existem cursos de pouca oferta no mercado e que lhe imporão restrições no sentido de transferir residência provisória para outros locais. Isso significa despesas adicionais de manutenção, gastos com moradia, alimentação, transporte etc., além de distância da família e da boa vida em casa. E da roda dos amigos também.

2. Se o curso que você pretende fazer é oferecido por várias universidades próximas, a estratégia é disputar os seus vestibulares, verificar suas condições de preço, qualidade, imagem, horários disponíveis, para depois, então, decidir melhor e fazer a sua escolha final.

3. O terceiro fator é o nível de qualidade que você pretende alcançar no seu curso universitário. A qualidade do ensino está intimamente relacionada com o preço da escola. Se você pretende o melhor do melhor, então verifique os resultados da

universidade nas avaliações do MEC e prepare seu espírito para tempos mais difíceis em termos financeiros.

Existem vários e diferentes critérios para você escolher uma universidade, a saber:

a) *Qualidade do ensino*: você pode optar pela melhor universidade, aquela que possui mais renome, imagem e prestígio, melhor qualidade de ensino, melhor corpo docente, instalações modernas, tecnologia instrucional etc. Contudo, as melhores universidades têm uma procura intensa e você terá de disputar com outros concorrentes nos vestibulares em uma relação de vários pretendentes para cada vaga. Terá de estudar muito mais, o que é uma excelente notícia.

b) *Proximidade geográfica*: você pode optar pela universidade mais próxima de sua residência ou trabalho. A proximidade, a economia de tempo para acessá-la e a facilidade e rapidez de percurso podem ser uma vantagem promissora, mas não sacrifique a qualidade de seus estudos pelo conforto da proximidade.

c) *Universidade pública ou privada*: você pode optar por uma universidade pública, a qual não cobra mensalidades, ou por uma universidade privada cujas mensalidades pesam no bolso. Essa é uma opção que vai depender forçosamente da congruência com os demais fatores.

d) *Custos envolvidos*: você pode optar pela universidade mais barata, que exige menores investimentos em dinheiro e não obriga a compra de livros ou por uma universidade mais cara, de melhor qualidade e mais exigente. Pense mais na qualidade de ensino e na bagagem de conhecimentos e competências que você vai juntar no final do curso.

e) *Tempo de duração*: você pode optar pela universidade cujo programa de ensino seja mais rápido e envolva menos tempo ou pela universidade que proporciona um programa padrão. Contudo, não se esqueça de que o mercado sabe muito bem o que quer em relação aos profissionais que o disputam. Você pode valer menos no final do curso do que seus amigos que preferiram alguns anos a mais no currículo.

f) *Outras facilidades*: você pode optar pela universidade que oferece cursos virtuais, à distância, ou segmentos maiores através de ensino virtual. Sem dúvida, o ensino à distância constitui uma vantagem interessante quando a qualidade do curso não é sacrificada. Quando as coisas ficam difíceis, o segredo está em buscar meios alternativos. Os cursos à distância podem facilitar a sua vida.

Quanto custa um curso universitário?

Um curso universitário não é nada barato. Em geral, representa um respeitável investimento de dinheiro em longo prazo. Deixando de lado o tempo – 2, 4, 5 ou 6 anos de duração –, o esforço, a dedicação, os estudos, as noites em claro, o lazer e as calorias despendidas, o investimento pessoal é realmente pesado. E os livros então, nem se fala. Mas você precisa montar o seu banco de dados, isto é, o seu sistema de informação, para nele compor tudo o que você estudou e aprendeu na universidade. Esse sistema inclui livros – para montar sua biblioteca pessoal –, revistas especializadas, apontamentos, anotações, trabalhos escolares etc. Por todas essas razões, cursar uma universidade é um valioso investimento, mas ser for apenas por mero diletantismo ou simples passatempo, é uma perda de tempo. É um negócio muito sério e que exige muita convicção de sua parte. Você precisa fazer com que todo esse longo e pesado investimento valha realmente a pena e produza resultados no futuro.

Um interessante exercício para você fazer é, ao escolher o curso que você está disposto a fazer, verificar o seu custo direto (matrícula e mensalidades durante todo o seu percurso) e o seu custo indireto (despesas com livros, transporte, alimentação etc.), juntar ambos (custo direto + custo indireto) e avaliar em quanto tempo de trabalho posterior você conseguiria pagar o investimento financeiro realizado. Esse exercício é denominado retorno do investimento, ou seja, em quanto tempo de trabalho profissional, após a sua formatura, você estaria reembolsando o dinheiro que pagou pela universidade. Você deve imaginar o quanto ganhará de salário mensal na profissão escolhida para saber em quantos anos de trabalho você conseguirá repor os valores pagos à universidade.

Qual é a melhor opção de universidade?

Nosso país dispõe de uma ampla e respeitável rede de universidades, públicas e privadas. Há também uma ampliação do número de cursos oferecidos e a sua fragmentação é notória. Por exemplo, no curso de engenharia, existem cerca de 21 carreiras diferentes, que vão desde as tradicionais engenharias civil e elétrica até divisões altamente especializadas, como agrimensura ou plásticos. Quando os cursos são muito fragmentados, eles dão pouca flexibilidade para o profissional enfrentar um mercado de trabalho em forte mutação. Analise bem o que você pretende de sua vida profissional e escolha a universidade que seja capaz de turbinar sua carreira.

DICAS

Princípios da Declaração Mundial sobre o Ensino Superior[1]

Unesco divulgou a Declaração Mundial sobre Ensino Superior aprovada por 180 países em outubro de 1998, inclusive pelo Brasil. Essa declaração deverá ser o principal documento de referência para o ensino superior no século XXI. Veja o que ela propõe:

> Aumentar o acesso da população à educação superior, equilibrar investimentos públicos e privados, treinar profissionais, formar cidadãos, relacionar o ensino à pesquisa são as questões de consenso que se impõem a todos os países do mundo. A educação superior é definida como um serviço público, e o apoio do governo a essa área é essencial, uma vez que a manutenção do sistema exige recursos públicos e privados. O papel do governo é garantir a qualidade do ensino superior, e a nova sistemática de controle estatal do setor consiste em analisar periodicamente o desempenho da instituição e produzir avaliações como o provão. Ao mesmo tempo, o governo criou leis que dão uma liberdade muito maior para que as instituições de ensino criem novos tipos de cursos.

Artigo 1: Missão: educar, treinar e fazer pesquisa

- É um espaço de aprendizagem para toda a vida
- Educar para a plena cidadania
- Produzir e disseminar o conhecimento
- Treinar pessoal altamente qualificado

---

1 Unesco. Ver site: http://www.unesco.org/new/en/unesco/. In: Rossetti, F. Declaração reflete dilemas mundiais do ensino superior. *Folha de S. Paulo*, Caderno de Ensino, 12 out. 1998, p. 4.2.

- Preservar, fortalecer e disseminar culturas nacionais e regionais

Artigo 2: Papel ético e funções antecipatórias

- Buscar a verdade e a justiça pelo exercício ético e rigoroso
- Fortalecer a abordagem prospectiva e crítica em relação a problemas sociais
- Defender e propagar valores universalmente aceitos
- Ter liberdade acadêmica, autonomia e prestar contas à sociedade

Artigo 3: Acesso equitativo

- As políticas devem abandonar o favorecimento de elites para adotar a seleção pelo mérito

Artigo 4: Fortalecer a participação da mulher

- Superar os obstáculos culturais e políticos que ainda continuam a impedir o acesso das mulheres
- Desenvolver estudos de gênero para a transformação da educação superior e da sociedade

Artigo 5: Avançar o conhecimento por meio da pesquisa

- O desenvolvimento do conhecimento por meio da pesquisa é uma função essencial de todos os sistemas de educação superior
- A pesquisa deve ser favorecida em todas as disciplinas
- Para isso, as instituições devem encontrar apoio financeiro, de fontes tanto públicas como privadas

Artigo 6: Orientação a longo prazo baseada na relevância

- A educação superior deve reforçar o seu papel de serviço para a sociedade
- A educação superior deve contribuir para o desenvolvimento do sistema de ensino como um todo

Artigo 7: Harmonização com o mundo do trabalho

- Reorganizar os vínculos entre a educação superior, o mundo do trabalho e a sociedade
- Ser uma fonte de treinamento profissional e de reciclagem por toda a vida
- Os graduados devem passar de procuradores de emprego a criadores de emprego

Artigo 8: Diversificar para dar oportunidades equitativas

- A diversificação de modelos de ensino superior é essencial para atender as diferentes demandas no setor
- Deverá haver instituições públicas, privadas e sem fins lucrativos, entre outras

Artigo 9: Pensamento crítico e criatividade

- A educação superior deve educar os estudantes para se tornarem cidadãos bem informados e motivados
- Para isso, é necessário buscar sempre novas abordagens didáticas e pedagógicas
- Reformar currículos escolares

Artigo 10: Pessoal e estudantes como atores principais

- As decisões de políticas devem colocar os estudantes no centro das preocupações

■ É essencial uma política vigorosa de desenvolvimento de pessoal

Artigo 11: Avaliação qualitativa

■ A qualidade na educação superior é um conceito multidimensional

■ Todas as funções e atividades devem ser avaliadas: ensino e programas acadêmicos, pesquisa e bolsas, servidores, estudantes, infraestrutura, serviços à comunidade, entre outros

Artigo 12: O potencial e o desafio da tecnologia

■ Criar novos ambientes de aprendizagem

■ Cuidar para que as diferenças socioeconômicas não sejam agravadas

■ Acompanhar a evolução da sociedade do conhecimento para assegurar elevada qualidade e acesso equitativo

Artigo 13: Fortalecer a administração e o financiamento

■ Desenvolver novas capacidades de planejamento e financiamento

Artigo 14: Financiamento como um serviço público

■ O financiamento requer fontes públicas e privadas

■ O apoio público para a educação superior e pesquisa continuam essenciais

Artigo 16: Da fuga de cérebros ao ganho de cérebros

■ A cooperação internacional deve favorecer o retorno dos acadêmicos e pesquisadores ao país de origem

Artigo 17: Parcerias e alianças

- São forças para a necessária mudança administrativa
- Devem ser fundadas em interesse, credibilidade e respeito mútuos

PARTE IV

A visão do futuro

O conhecimento do caminho

1. Qual é o melhor caminho a seguir?
2. O planejamento da carreira
3. Os estágios da carreira

O autoconhecimento

4. Qual é a sua inteligência predominante?
5. Quais são as suas preferências vocacionais?
6. Quais são os seus traços de personalidade?
7. Afinal, qual é o seu perfil pessoal?

O caminho das pedras

8. E agora, qual será a sua carreira?
9. Como escolher a sua universidade?

A visão do futuro

10. E as perspectivas de futuro?

A carreira representa uma projeção de desdobramentos das atividades de um profissional ao longo de todo o tempo de sua vida profissional. Quando se fala em carreira, fala-se em uma projeção de experiências com relação ao futuro. O futuro é fundamental na carreira de cada pessoa. Quando uma pessoa investe em sua carreira, ela está investindo em seu futuro.

Assim, ter uma visão do futuro que se pretende é fundamental. Essa visão do futuro deverá funcionar como uma bússola, um alvo, uma meta, um objetivo. Definir um objetivo é fundamental para que se possa planejar a carreira. O objetivo passa a servir como o referencial para se avaliar o progresso em relação ao seu alcance. E é esse objetivo que lhe permitirá se autoavaliar e medir como você está conseguindo chegar até ele.

Esta parte é constituída de um capítulo apenas:

Tendo uma ideia de suas possibilidades futuras, você precisa imaginar não uma linha reta, única e exclusiva, mas um cone amplo e cheio de inúmeras e variadas possibilidades pela frente. Como o futuro será diferente do passado e do presente, é bom que você tenha um foco no futuro, que lhe permita ampliar oportunidades, e não limitá-las ou reduzi-las.

10 E as perspectivas de futuro?

O mundo está mudando rapidamente. Todo mundo sabe disso. E isso não significa que a mudança vá acabar algum dia. Pelo contrário, a tendência reflete uma velocidade cada vez maior da mudança. O pior é que ainda não nos acostumamos a ela e achamos que tudo vai permanecer como está. Ledo engano. Precisamos pensar no futuro, levando em consideração as projeções de mudança.

E o que temos a ver com isso? Simples. Quando você sair da faculdade, muita água já terá rolado por baixo da ponte e é bem capaz que a profissão que você escolheu tenha sido substituída por alguma tecnologia nova ou por algum robô eletrônico que vai fazer o trabalho de uma maneira muito melhor. Quando você sair da universidade, o mundo será diferente. Para não entrar no lado errado do labirinto, você precisa visualizar o futuro, sob risco de assumir uma carreira de obsolescência rápida. Por essa razão, muitas escolas já estão mudando as suas características para adequar-se mais rapidamente às necessidades do futuro.

Quadro 10.1 As características da escola de hoje e de amanhã[1].

Escolas de hoje	Escolas de amanhã
Resultados	
• Somente alguns estudantes aprendem a pensar	• Todos os estudantes aprendem a pensar
Administração	
• Supervisão feita pela administração	• Centrada no aprendiz e direcionada pelo professor
Ambiente de aprendizagem	
• Decorar e recordar a partir da memória de curto prazo • Estudantes trabalham como indivíduos • Sequência hierárquica – o mais elementar antecede o mais complexo	• Os estudantes constroem ativamente o conhecimento por si próprios • Solução cooperativa de problemas • As habilidades são aprendidas no contexto dos problemas reais
Estratégia	
• Focalizam o desenvolvimento de habilidades básicas • A avaliação é separada do ensino	• Focalizam o desenvolvimento de habilidade de pensamento • A avaliação é integrada ao ensino

O novo conceito de carreira

Já é difícil gerenciar o momento atual, que dirá o nosso futuro. Tanto a natureza como o padrão de carreira estão mudando intensamente, mas cada pessoa precisa dedicar maior tempo para essa tarefa. O autogerenciamento da própria carreira está se

---

1 US GOVERNMENT, Department of Labor. *What work requires of schools*: a SCANS report for America 2000. Washington, DC: U.S. Department of Labor-Secretary's Commission on Achieving Necessary Skills, 1991. p. 12.

tornando cada vez mais uma tarefa pessoal e importante na vida de cada pessoa. Quando o mundo pouco mudava, o autogerenciamento podia ser feito de uma maneira mais simples. Com as mudanças, o autogerenciamento está se tornando uma tarefa para toda a vida. Cada pessoa deve priorizar essa tarefa.

Para assumir o controle de sua carreira, há duas habilidades básicas envolvidas[2]:

1. A primeira é o *insight*. Cada pessoa precisa ter uma visão objetiva e realista de seus pontos fortes e de suas limitações pessoais. Quase sempre as pessoas não conseguem fazer isso. Não conhecem seus pontos fortes nem sabem como podem utilizá-los da melhor maneira, de forma mais produtiva. Desse modo, procuram evitar ou fugir de discussões a respeito de seus pontos frágeis.
2. A segunda é a iniciativa própria. As pessoas precisam buscar ativamente novas oportunidades e devem estar preparadas para incorrer em riscos pessoais. As pessoas bem-sucedidas sempre levam seu próprio desenvolvimento a sério, como uma tarefa de suma importância. Conhecem bem seus pontos fortes e sabem como podem ser melhor aplicados e utilizados. Por outro lado, não esperam passivamente que as coisas aconteçam, mas buscam ativamente as possíveis oportunidades, em situações que nem sempre muitas pessoas costumam perceber.

É claro que abordar quais são os pontos fortes e fracos de uma pessoa envolve necessariamente a aceitação de falhas e lacunas em seu conhecimento e experiência, bem como aspectos críticos e sofríveis em seu comportamento. Isso requer uma boa dose de humildade e de aceitação da realidade. O fato é que a

---

2 Sharrock, R. Developing top managers. In: *Financial times. Financial times handbook of management*. London: Pitman, 1995.

consciência de si mesmo é fundamental para o autogerenciamento da carreira. Localizar e sintonizar as próprias habilidades e competências é o passo essencial para poder fazer isso. Cada pessoa precisa identificar claramente o que deve aprender. Isso leva quase sempre a aprender a aprender, aprender cada vez mais rapidamente e aprender constantemente, e não uma só vez na vida. Fazer da vida um processo contínuo e ininterrupto de aprendizado. Além disso, as pessoas precisam tornar-se usuários cada vez mais eficientes de suas redes de relacionamentos. Todavia, o principal relacionamento deve ser com a organização ou empresa em que se trabalha, sem, contudo, limitar-se a ele e cancelar todos os demais[3].

Nos dias de hoje, a carreira profissional apresenta as seguintes características[4]:

1. O novo modelo de carreira profissional não está dentro das organizações, mas exatamente fora delas. As organizações estão deixando de ser entidades físicas para cada vez mais se tornarem núcleos ou redes ou cadeias de fornecedores externos. Elas estão transformando custos fixos (seus próprios departamentos) em custos variáveis (fornecedores externos). A carreira está seguindo o mesmo caminho.
2. As pessoas, em geral, acabam se transformando em fornecedores de seus antigos empregadores. Em outras palavras, as pessoas deixam de ser empregadas trabalhando internamente nas organizações para se tornarem fornecedoras externas de conhecimento para as organizações-clientes. Esse é um passo importante: migrar de uma situação de empregado para uma nova situação de prestador de serviços ou fornecedor de habilidades,

---

3 Cf. o site, disponível em: http://www.lifemanual.com.

4 Peiperl, M.; Baruch, Y. *Back to square zero*: the post-corporate career. New York: Organizational Dynamics, 1997.

conhecimentos e competências. A relação de emprego está se transformando em uma relação de provisão de conhecimento e prestação de atividade inteligente.

3. As novas carreiras estão proporcionando maior independência e flexibilidade às pessoas para responder rapidamente às demandas e oportunidades. As pessoas serão disputadas por se adaptarem a múltiplos e diferentes papéis funcionais. A mobilidade será fundamental. Em outras palavras, isso significa que as pessoas precisam aprender a ser autônomas – donas de seus destinos profissionais – e flexíveis – dotadas de jogo de cintura suficiente para adaptar-se contínua e ininterruptamente a novas e diferentes tarefas e atividades.

4. As novas carreiras estão se tornando cada vez mais sofisticadas. Não se trata mais de executar um simples trabalho de maneira rotineira e continuada, mas de proporcionar soluções inteligentes e gerar inovações continuamente. Os profissionais estão se tornando cada vez mais ofertadores de conhecimento em vez de trabalharem apenas como executores de tarefas.

5. As pessoas não se identificam com uma única organização ou empresa. A identificação com a organização ou empresa é interna, paroquial e provinciana e envolve um círculo menor. Pelo contrário, a identificação com a profissão ou setor de atividade é externa e universal e envolve um círculo maior. Quando o profissional está identificado externamente com sua profissão, a organização ou empresa passa a ser seu cliente. Com isso, as pessoas passam a prestar o serviço ao cliente.

6. As pessoas buscam um maior equilíbrio entre o trabalho e a vida familiar ou pessoal. Eis os aspectos negativos:

a) Boa parte do trabalho passa a ser remoto, fora da organização ou empresa. Trabalhar em casa faz com que as pessoas não consigam relaxar e desligar-se do trabalho.

b) Há o perigo de isolamento e a falta de comunicação interpessoal.

7. As pessoas passam a construir redes de relacionamentos por meio do desenvolvimento de novas comunidades de interesses profissionais e do uso da tecnologia da informação mais avançada. Os mais bem-sucedidos não serão os que conseguem trabalhar por conta própria, mas os que forem capazes de criar e manter elos e redes de relacionamentos (*networks*) duradouros e eficazes. Esses elos levarão além dos modelos individuais e organizacionais existentes, em direção a novos tipos e modelos de carreira.

8. As carreiras continuarão a afetar o relacionamento entre pessoas e organizações, e ambas terão o seu respectivo papel no gerenciamento delas. Só que de maneira diferente da de hoje. No presente, as carreiras se desenvolvem por meio da interação entre as escolhas das pessoas, ao buscar suas aspirações, e as escolhas das organizações, ao proporcionar as oportunidades que promovam o alcance dos objetivos organizacionais. Só que, no futuro, as pessoas estarão fora das organizações, atuando como fornecedores externos. Isso vai tornar as pessoas mais preocupadas em procurar saber o que as organizações querem delas e como vão precisar delas na continuidade do tempo.

No fundo, a conclusão a que se chega é a seguinte: as pessoas com maior chance de sucesso profissional são aquelas que tomam a iniciativa e desenvolvem suas habilidades e competências para construir sua carreira em consonância com a direção seguida pelo mercado em geral, e pela sua organização ou empresa em particular. E é lógico: aproveitando todo o potencial do seu perfil pessoal.

Os novos empregos

Quem lê os anúncios classificados de empregos nos jornais aos domingos deve estar intrigado com algumas funções com nomes bastante estranhos. Ao lado de engenheiros, advogados, administradores, as empresas estão oferecendo vagas para gestores de mudanças, *webmasters, webdesigners, site acquisitors*. São profissões recentes, frutos das mais recentes transformações no mercado de trabalho em decorrência da tecnologia. O avanço tecnológico queima profissões antigas e rudimentares (como o ascensorista, a telefonista de PABX, o cobrador de ônibus) e provoca uma onda de demissões, mas, ao mesmo tempo, cria incessantemente novas oportunidades mais sofisticadas e abre cada vez mais espaço para o trabalhador do conhecimento. E o que ele significa? A pessoa que trabalha com o conhecimento, com o lado intelectual, com questões abstratas e com o mundo intangível. O conhecimento – aprender a aprender, aprender cada vez mais, aprender cada vez mais depressa, saber –, como já falamos, é a moeda do século XXI. A riqueza maior. É um ativo intangível, um bem invisível e que permite a aquisição de quaisquer outros bens tangíveis. O trabalhador do conhecimento trabalha com o cérebro, com a inteligência e com todo o acervo que a humanidade conseguiu conquistar em toda a sua longa história.

A internet se popularizou e deu origem a algumas profissões inovadoras, como o *webmaster*, responsável por desenvolver e manter em funcionamento os *sites*. Por outro lado, a expansão da telefonia celular fez surgir o *site acquisitor*, um funcionário que decide o melhor local para colocar as antenas de retransmissão do sinal do sistema, em função de critérios técnicos e de discussões financeiras com o dono do imóvel no qual a antena vai ser instalada. O *site acquisitor* precisa reunir conhecimentos de direito imobiliário, técnicas de negociação e engenharia de telecomunicações. Como não há cursos específicos, o candidato precisa ter uma formação variada. Quase sempre, essas funções são exercidas por pessoas com nível superior e os salários são muito bons.

Nos últimos anos, surgiram algumas novas funções no mercado de trabalho, como mostra o Quadro 10.2.

Quadro 10.2 Algumas profissões do momento[5].

A nova profissão	Atividades	Requisitos
Supervisor de expansão ou *site acquisitor*	Pesquisa e localiza áreas para instalação de antenas de redes de telefonia celular	Conhecimentos de telecomunicações, ótimo negociador e fluência em inglês
Help desk	Dá assistência em informática aos usuários domésticos e às empresas	Ser especialista no sistema de computador utilizado pelos clientes
Webmaster	Coordena o trabalho de criação e operação de um *site* na internet	Conhecimento de informática, marketing e publicidade
Hacker de segurança	Testa o sistema de segurança da rede de computadores da empresa	Ser especialista em tecnologia e invasão de sistemas informatizados
Gestor de mudança	Orienta os funcionários sobre mudanças estruturais ou operacionais feitas pela empresa	Conhecimentos nas áreas de recursos humanos e psicologia

Mudança para valer

Por exemplo, o Ministério da Indústria e Comércio do Japão fez uma consideração provocante e desafiante: dentro dos próximos cinco anos, cerca de 75% do produto interno bruto (PIB) do Japão – o conjunto de todos os bens e serviços transacionados no país durante o ano – será realizado por meio de bens e serviços que, hoje, ainda nem sequer foram inventados. Moral da histó-

---

5 NOVOS empregos. *Veja*, São Paulo, 17 mar. 1999, p. 141.

ria: em cinco anos, cerca de 3/4 do PIB japonês será constituído de inovações que nós ainda não conhecemos, pois não foram ainda inventadas. É mudança para ninguém botar defeito.

Mudanças nas carreiras

As mudanças no mercado estão mudando o exercício da advocacia e criando novas e diferentes frentes de trabalho. No meio das profissões tradicionais que nossos pais e avós encontravam em suas épocas, o Direito parecia o único curso que se mantinha quase intacto às mudanças econômicas e aos avanços tecnológicos. Parecia. A Medicina se transformou depois da chegada do computador e da tecnologia da informação; a Engenharia está lidando com novas tecnologias de projeto e com novos métodos de construção, além de novos materiais de ponta. Agora, chegou a vez dos advogados. A abertura econômica e a entrada em bloco de empresas estrangeiras no país trouxeram uma transformação notável. Até há pouco tempo, o Direito era dividido em áreas bem definidas, como trabalhista, comercial, cível, comercial, criminal e tributária. Agora, os escritórios que trabalham com direito empresarial são muito mais segmentados: têm especialistas em várias modalidades de empresas, em telecomunicações, direito internacional, direito ambiental, direitos autorais, governança corporativa, responsabilidade social etc. As mudanças trouxeram um efeito mais curioso: a criação de novas e diferentes frentes de trabalho.

A visão do futuro

Você precisa viver o presente, mas estar sempre atento às novidades que estão prenunciando um futuro novo e diferente. Não perca de vista o que está acontecendo no mundo das profissões.

Algumas delas serão totalmente diferentes do que são atualmente, algumas desaparecerão e outras surgirão com força total. Alguma delas poderá ser o seu trampolim para o sucesso.

E por falar em sucesso, desejamos uma feliz e bem-sucedida carreira profissional. Você merece!

Referências bibliográficas

ADLER, T. Revision brings test into the 21th century. *APA monitor,* v. 10, n. 11, nov. 1989, p. 2.

ARTHUR, M. B.; HALL, D. T.; LAWRENCE, B. S. (Orgs.). Generating new directions in career theory: the case for a transdisciplinary approach. In: *Handbook of career theory.* New York: Cambridge University Press, 1989, Cap. 1.

AUSUBEL, D. *Educational psychology*: a cognitive view. Holt, Rinehart & Winston, 1968.

BLOOM, B.; ENGLEHART, M.; FURST, E.; HILL, W.; KRATHWOHL, H. *Taxonomy of educational objectives, handbook I*: the cognitive domain. New York: Longmans Green, 1956.

BOLLLES, R. N. *What color is your parachute?* Berkeley: Teem Speed, 1977.

BRETZ Jr, R.; JUDGE, T. A. *The relationship between personorganization fit and career success.* New York: Cornell University Center for Advanced Human Resource Studies, 1992.

CASCIO, W. F. *Applied psychology in personnel management.* Englewood Cliffs: Prentice Hall, 1991.

CATTELL, R. *The scientific analysis of personality.* Baltimore: Penguin Books, 1965.

CASTRO, A. Qual é o seu tipo? *Revista T&D,* São Paulo, jun. 1999, p. 30-5.

CENZO, D. A.; ROBBINS, S. P. *Human resource management.* New York: John Wiley, 1996.

CHIAVENATO, I. *Carreira e competência*: gerenciando seu maior capital. São Paulo: Saraiva, 2003.

DIGMAN, J. M. Personality structure: emergence of the five factor model. *Annual Review of Psychology,* v. 41, 1990, p. 417-40.

DULEWICZ, V. Improving assessment centers. *Personnel Management,* New York, jun. 1991, p. 50-5.

FOLHA de S. Paulo, São Paulo, 6 dez.1998, p. 32.

FUCS, J. Pense agora na faculdade do bebê. *Exame,* São Paulo, n. 617, 28 ago. 1996, p. 101.

GARDNER, H. *Frames of mind*: the theory of multiple intelligences. New York: Basic Books, 2006.

_______. *Intelligence reframed*: multiple intelligence for the 21st century. New York: Basic Books, 1999.

_______. *Multiple intelligence*: the theory in practice – a reader. New York: Basic Books, 1993.

GARDNER, H.; HATCH, T. *Multiple intelligence.* New York: Center for Educational Technology, 1990.

GIST, M.; MITCHELL, T. Self-efficacy: a theoretical analysis of its determinants and maleability. *Academy of Management Review*, New York, v. 17, n. 2, apr. 1992, p. 183-202.

GOLEMAN, D. *Emotional intelligence.* New York: Bantam, 1995.

GROVE, A. S. A high-tech CEO updates his views on managing and careers. *Fortune,* New York, n. 18, sept. 1995, p. 229.

HALL, D. T. Careers in organizations. Santa Monica: Goodyear, 1976.

HALL, D. T., et al. *Career development in organizations.* San Francisco: Jossey-Bass, 1986.

HALL, D. T.; MORGAN, M. Career development and planning. In: PERLMAN, K.; SCHMIDT, F. L.; HAMNER, W. C. (Eds.). *Contemporary problems in personnel.* New York: John Wiley, 1983.

HANSEN, I.; CAMPBELL, D.P. *Manual for the SVIB-SCII.* Palo Alto: Stanford University Press, 1985.

HERGENHAHN, B. R., BAYNES, H. G. (translator). *An introduction to theories of personality.* New Jersey: Prentice-Hall, 1990.

HIRSCH, S. K. *Using the Myers-Briggs type indicator in organizations.* Palo Alto: Consulting Psychological Press, 1985.

HIRSCH, S.; KUMMEROW, J. *Life types*: a guide to the development and use of the Myers Briggs type indicator by Isabel Briggs-Myers and Mary H. McCaulley. Consulting Psychologists Press, 1985.

HOLLAND, J. L. *Dictionary of Holland occupational codes.* Odessa: Psychological Assessment Resources, 1996.

_______. *Making vocational choices.* Englewood Cliffs: Prentice-Hall, 1985.

_______. *Making vocational choices*: a theory of careers. Upper Saddle River: Prentice Hall, 1973.

_______. *Making vocational choices*: a theory of vocational personalities and work environments. Odessa: Psychological Assessment Resources, 1997.

______. *Professional manual for the self-directed search*. Odessa: Psychological Assessment Resources, 1990.

______. *The occupational finder*. Palo Alto: Consulting Psychologists Press, 1978.

JACKSON, T. *Guerrilla tactics in the job market*. New York: Bantam Books, 1978.

JUNG, C. G. Psychological types. In: ____. *Collected works of C. G. Jung*. v. 6. Princeton: Princeton University Press, 1971.

KEIRSEY, D. *Portraits of temperament*. Del Mar: Prometheus Nemesis Book Co., 1987.

KEIRSEY, D.; BATES, M. *Please understand me*: an essay on temperament styles. Del Mar: Prometheus Nemesis Book Co., 1999.

LAWRENCE, G. *People types and tiger stripes*. Gainesville: Center for Application of Psychological Type, 2000.

LEWIN, K. *A dynamic theory of personality*. New York: McGraw-Hill, 1935.

______. *Principles of topological psychology*. New York: McGraw-Hill, 1936.

MILKOVICH, G. T.; BOUDREAU, J. W. *Administração de recursos humanos*. São Paulo: Atlas, 2000.

MILLER, G. The magical number seven, plus or minus two. *Psychological Review,* 1956, p. 81-97.

MINNESOTA Multiphasic Personality Inventory-2. Minneapolis: University of Minnesota Press, 1989.

MOUNT, M. K.; BARRICK, M. R. The big five personality dimensions: implications for research and practice in human resources management. *Research in Personnel and Human Resources Management,* n. 13, 1992, p. 153-200.

MYERS, I. B. *Gifts differing*: understanding personality type. Palo Alto: Davies-Black, 1995.

______. *Personal letter to Mary McCaulley*: the MBTI qualifying program. The Center for Applications of Psychological Type, 2004.

MYERS, I. B., et al. *MBTI manual*: a guide to the development and use of the Myers Briggs type indicator. Palo Alto: Consulting Psychologists Press, 1998.

MYERS, I. B.; MCCAULLEY, M. *Manual*: a guide to the development and use of the Myers-Briggs type indicator. Palo Alto: Consulting Psychologist Press, 1985.

NORTHCRAFT, G.; Neale, M. *Organizational behavior*. Hinsdale: Dryden, 1994.

NOVOS Empregos. *Veja,* São Paulo, 17 mar. 1999, p. 141.

ORNSTEIN, S.; ISABELLA, L. A. Making sense of careers: a review. *Journal of Management*, 1983, p. 243-67.

PAULA, C.; GARCIA, A.; PASSOS, l. Onde o funil é mais apertado. *Veja São Paulo,* São Paulo, out. 1997, p. 12-25.

PEIPERL, M.; BARUCH, Y. *Back to square zero*: the postcorporate career. New York: Organizational Dynamics, 1997.

ROSSETTI, F. Declaração reflete dilemas mundiais do ensino superior. *Folha de S. Paulo,* Caderno de Ensino, São Paulo, 12 out. 1998, p. 42.

SCHEIN, E. H. *Career anchors*: discovering your real values. San Diego: Pfeiffer, 1990.

_______. The individual, the organization, and the career: a conceptual scheme. *Journal of Applied Behavioral Science,* San Francisco, aug. 1971, p. 401-26.

SCHENEL, G.; BORBELY, J. A. *Facing your type*. Wernesville: Typofile Press, 2002.

SEWALL, T. J. *The measurement of learning style*: a critique of four assessment tools. Madison: University of Wisconsin Press, 1986.

SHARROCK, R. Developing top managers. In: *Financial times*. Financial Times handbook of management. London: FT; Pitman, 1995.

SUPER, D. E. *The psychology of careers*. NewYork: Harper & Row, 1957.

SUPER, D. E.; HALL, D. T. Career development: exploration and planning. In: ROSENZWEIG, M. R.; PORTER, L. W. (Eds.). *Annual Review of Psychology,* Palo Alto, v. 29, 1978.

THURSTONE, L. L. *Multiple-factor analysis*. Chicago: University of Chicago Press, 1947.

_______. *Primary mental abilities*. Chicago: University of Chicago Press, 1938.

_______. *The nature of intelligence*. London: Routledge, 1973.

THURSTONE, L. L.; THURSTONE, T. G. *Factorial studies of intelligence*. Chicago: University of Chicago Press, 1941.

TRACEY, T.; ROUNDS, J. Evaluating Holland's and Gati's vocational interest models: a structural meta-analysis. *Psychological Bulletin,* v. 113, n. 2, 1981, p. 229-46.

UNIVERSIDADES privadas democratizam acesso à educação. *O Estado de S. Paulo,* São Paulo, Caderno Universitário, 24 set. 1998, p. B6.

US GOVERNMENT, Department of Labor. *What work requires of schools*: a SCANS report for America 2000. Washington: U.S. Department of Labor – Secretary's Commission on Achieving Necessary Skills, jun. 1991.

VESTIBULAR 98/99 em São Paulo. *O Estado de S. Paulo,* Caderno Universitário, São Paulo, 24 set. 1998, p. 8.

Sites

http://en.wikipedia.org/wiki/Myers-Briggs_Type_Indicator
http://pt.wikipedia.org/wiki/Intelig%C3%Aancia
http://sunsite.unc.edu. personality/keirsey.htmlx
http://www. careernextstep.com/index.aspx
http://www.discoveryourpersonality.com/MBTI.html/source=Google

http://www.education.unesco.org
http://www.geocities.com/lifexplore/mbintro.htm
http://www.howardgardner.com/
http://www.humanmetrics.com/cgi-win/Jtypes2.asp
http://www.kisa.ca/personality
http://www.knowyourtype.com
http://www.lifemanual.com
http://www.myersbriggs.org
http://www.ncs.com/cds/ciss.htm,feb,1996
http://www.personalitypathways.com/MBTI_into.html
http://www.teamtechnology.co.uk
http://www.guiadasprofissoes.com.br
http://www.psicologia.com.pt/instrumentos/testes/
http://www2.pol.org.br/satepsi/sistema/admin.cfm
http://www.portalsaofrancisco.com.br/alfa/materias/index-testes-psicologicos.php

Índice remissivo

J

M

N

O

P

Q

R